El libro de la autoestima

La guía definitiva para recuperarla

Dr. Joe Rubino

El libro de la autoestima

La guía definitiva para recuperarla

EDICIONES OBELISCO

Si este libro le ha interesado y desea que le mantengamos informado
de nuestras publicaciones, escríbanos indicándonos qué temas son de su interés
(Astrología, Autoayuda, Ciencias Ocultas, Artes Marciales, Naturismo,
Espiritualidad, Tradición...) y gustosamente le complaceremos.

Puede consultar nuestro catálogo en www.edicionesobelisco.com

Colección Psicología
EL LIBRO DE LA AUTOESTIMA

1.ª edición: junio de 2012

Título original: *The Self-Esteem Book. Restore your magnificence.*
Traducción: *Pablo Ripollés*
Corrección: *Sara Moreno*
Diseño de cubierta: *Enrique Iborra*

© 2006, Dr. Joe Rubino, Vision Works Publishing
(Reservados todos los derechos)
© 2012, Ediciones Obelisco, S. L.
(Reservados los derechos para la presente edición)

Edita: Ediciones Obelisco, S. L.
Pere IV, 78 (Edif. Pedro IV) 3.ª planta, 5.ª puerta
08005 Barcelona - España
Tel. 93 309 85 25 - Fax 93 309 85 23
E-mail: info@edicionesobelisco.com

Paracas, 59 C1275AFA Buenos Aires - Argentina
Tel. (541-14) 305 06 33 - Fax: (541-14) 304 78 20

ISBN: 978-84-9777-851-0
Depósito Legal: B-14.155-2012

Printed in Spain

Impreso en España en los talleres gráficos de Romanyà/Valls, S.A.
Verdaguer, 1 - 08786 Capellades (Barcelona)

«*He usado personalmente los principios de este programa para ayudar a miles de personas a tener confianza en sí mismas y a ser felices y prósperas. Te debes a ti mismo la lectura de este libro*».

DR. TOM VENTULLO,
presidente de *The Center for Personal Reinvention*

A una edad temprana, todos nos inventamos por alguna razón que somos desagradables, que no somos lo bastante buenos y que no nos merecemos lo mejor de la vida. Al descubrir el origen de esta imagen deficiente de nosotros mismos, podemos reinterpretar nuestro pasado, reivindicar nuestra autoestima y diseñar nuestro futuro deliberadamente y con poder.

Dr. Joe Rubino

Este libro está dedicado a ti, el lector, y a tu inherente magnificencia, magnificencia que todos los seres humanos compartimos, aun cuando a veces lo olvidemos. También está dedicado a aquellos que han declarado valientemente al mundo quiénes son y han reivindicado su poder. El ejemplo que nos dan de arriesgarse y vivir audazmente y con pasión nos inspira a todos para estar en plena forma y para esforzarnos al máximo.

COMPLETA TU PASADO

Aumentar la autoestima consiste en un 80 por 100 en completar tu pasado y en el otro 20 por 100 en diseñar tu futuro.

DR. JOE RUBINO

1

La esencia de la autoestima

El famoso psicoterapeuta canadiense Nathaniel Branden define la autoestima como «la disposición a considerarse competente frente a los desafíos básicos de la vida y sentirse merecedor de la felicidad». La autoestima elevada es sin lugar a dudas una de las condiciones indispensables para tener una vida caracterizada por la capacidad, la realización personal, la satisfacción y los logros. Una autoestima sana es la condición previa necesaria para desarrollar respeto y empatía hacia los demás. Es la base para aceptar la responsabilidad de nuestras acciones y para obtener satisfacción por nuestros logros. Aquellos que poseen una autoestima sana tienen más probabilidades de crear sueños y de perseguirlos intencionadamente. Al creer en su capacidad de realizar estas ideas, las personas con alta autoestima se sienten motivadas para crecer y arriesgarse mientras experimentan la vida plenamente. No se desanimarán en exceso por las inevitables dificultades y críticas que todo el que persigue un objetivo que merece la pena está seguro de encontrar. Las personas con una autoestima saludable poseen la capacidad de quererse a sí mismas, que es un requisito indispensable para amar y ser amado por otros. Desde todo punto de vista, el sentido de la propia valía es necesario para llevar una vida con poder caracterizada por la orientación positiva, la confianza, la responsabilidad y el cumplimiento de todos los objetivos.

La baja autoestima con frecuencia está asociada a actividades delictivas, adicción a las drogas y el alcohol, pobreza, conducta violenta, trastornos alimenticios, abandono de los estudios y baja posición socioeconómica. Aquellos que carecen de autoestima a menudo exhiben comportamientos agresivos, egocéntricos, perniciosos y de estar a la defensiva junto con la falta de inclinación a ponerse en el lugar de la otra persona. Tener una autoestima saludable es más que poseer una buena imagen de uno mismo. Muchos confunden la autoestima con la vanidad, la arrogancia o el egocentrismo; cuando lo cierto es que tales cualidades generalmente indican una falta de autoestima sana.

Las personas con atractivo físico también pueden tener problemas de autoestima. La autentica autoestima consiste en sentirse bien con uno mismo, en verse como una persona feliz de elevado valor intrínseco y que contribuye a la sociedad, capaz de producir resultados que merecen la pena. Las personas con esta cualidad tienen confianza no sólo en sí mismas, sino también en su capacidad de influir en los demás de una manera positiva. Actúan con decisión y muestran respeto hacia los demás al asumir la responsabilidad de sus actos en vez de culpar a otros, eludir los riesgos y temer el fracaso.

Como seres humanos, todos somos magníficos por naturaleza. Poseemos la capacidad de superar obstáculos, conseguir logros trascendentes, honrar nuestros valores más importantes, obtener felicidad y aportar a otros nuestros dones especiales, únicos. En resumidas cuentas, podemos responsabilizarnos de hacer que nuestras vidas discurran óptimamente. Por desgracia, en el curso de las dificultades de la vida con frecuencia perdemos de vista estos hechos.

Desde el nacimiento y a lo largo de nuestra vida encontramos innumerables experiencias que pueden mejorar nuestra autoestima o erosionarla. El proceso de disminución de nuestra autoestima comienza con la sencilla observación de que de alguna manera no damos la talla. Nos juzgamos diferentes y deficientes en cierta forma. Decidimos que somos unos extraños. De aquí en adelante, nuestras vidas se desarrollan de acuerdo con nuestras expectativas. Estas expectativas están directamente relacionadas con cómo nos sentimos con nosotros mismos: o bien nos merecemos todas las cosas buenas que la vida puede ofrecer, o merecemos dolor y sufrimiento porque carecemos de valía.

Cuando nos juzgamos a nosotros mismos con severidad, reducimos drásticamente nuestra capacidad de merecer amor y de conseguir el éxito y la abundancia que el mundo reserva a las personas más valiosas. Cuando basamos nuestras acciones en la creencia de que carecemos de lo que hace falta para merecer unas relaciones gratificantes, riqueza material y felicidad, desencadenamos lo que más tememos: mientras nuestra autoestima continúa disminuyendo de manera insidiosa, nos vemos incapaces de dirigir nuestras vidas y fortunas productivamente. La resignación arraiga en nosotros como la podredumbre, acabando con nuestro ánimo. Esto crea un círculo vicioso: al considerarnos a nosotros mismos no merecedores de lo bueno de la vida, producimos resultados coherentes con esta expectativa y reforzamos nuestra sensación de inutilidad. Cuanto más baja es nuestra autoestima, menos probabilidades tenemos de actuar de una manera que genere reacciones positivas para restaurar nuestro deteriorado sentido de la propia valía.

Para la mayoría de los seres humanos, la vida es buena durante cierto tiempo después de nacer. Nuestros padres satisfacen todas nuestras necesidades mientras nos proporcionan el amor y la seguridad de los que dependemos para desarrollarnos y convertirnos en individuos seguros de nosotros mismos y equilibrados. A una edad temprana aprendemos a atribuir un valor a la identidad que nos creamos. En este libro, exploraremos con detalle cómo sucede algo durante este proceso de conocimiento de uno mismo, en algún momento entre el nacimiento y la adolescencia, que hace que iniciemos el proceso de juzgarnos con severidad al ocurrir un suceso o cuando alguien hace un comentario, y de alguna manera decidimos que no estamos a la altura. La gravedad de este trauma –o serie de traumas– psicológico puede variar desde una experiencia abusiva hasta una simple interpretación errónea. Para algunos, puede implicar abuso sexual o físico o la experiencia de verse abandonado o de estar aterrorizado. Puede empezar con una simple azotaina o ser tan extremo como una paliza. El caso es que algo ocurre que inculca en nosotros la idea de que no somos dignos de amor. El suceso no tiene por qué ser gravemente traumático para nadie más. Para ser perjudicial, sólo tiene que perturbar la paz interior y la identidad de la persona que lo experimenta.

En cualquier caso, el resultado es el mismo. Empezamos a comparar nuestro yo esencial con otros y a sentirnos mal por lo que somos en la comparación. Esta opinión negativa de nosotros mismos empieza a distorsionar nuestra relación con los demás. Al considerarnos incompetentes, comenzamos a responder de manera diferente a las situaciones cotidianas. Nuestros resultados son acordes a la imagen distorsionada de nosotros mismos. Eso refuerza nuestra sensación de falta de valía, pues nos proporciona pruebas concretas que la justifican. En resumen, hemos creado una profecía que, por su propia naturaleza, contribuye a cumplirse. La etiqueta que nos ponemos para describir nuestra condición exacerba aún más nuestra sensación de no dar la talla, y nuestra autoestima se resiente con ello. Antes de darnos cuenta, hemos establecido en nuestra vida como un hecho que no somos lo bastante buenos y que tampoco somos dignos de amor, abundancia y felicidad.

Este juicio crítico sobre nosotros mismos conlleva un enorme dolor. Como nuestra naturaleza humana inherente nos impulsa a buscar instintivamente el placer y a evitar el dolor, alteramos nuestra conducta en un esfuerzo para evitar más rechazos. Al atestar nuestras conversaciones internas con críticas constantes y alarmantes advertencias, nos protegemos de relaciones potencialmente dolorosas y evitamos la comunicación, la interacción y el riesgo. Renunciamos a nuestros sueños y rebajamos nuestras expectativas por temor a que nos hieran. Nos conformamos con menos y luego justificamos nuestras acciones para protegernos de ulteriores daños. De la opinión peyorativa de nosotros mismos resulta inevitablemente la resignación y la lenta y sutil muerte de nuestro espíritu, con la consiguiente pérdida de vitalidad.

La pérdida de autoestima puede influir poderosamente en todos los aspectos de la vida o limitarse a situaciones o circunstancias particulares. Esto último ocurre cuando decides que eres inadecuado en algunos terrenos pero no en otros. Puede que te sientas bien respecto a quién eres en asuntos de negocios pero tengas un pobre concepto de ti mismo en términos de aspecto físico, pues te consideras poco atractivo. Tal vez sobresalgas en los deportes y seas consciente de ello, pero tengas poca confianza en ti mismo en el aspecto social. Todos tenemos nuestras fortalezas y debilidades, hay unas áreas en las que nos sentimos seguros y otras en las que nos parece que nos falta lo que se requiere para encajar y hacerlo bien. Este tipo limitado de autoestima disminuida, restringido a una o unas pocas áreas específicas, se puede abordar y manejar mucho más fácilmente. En cambio, la pérdida de autoestima global, en la que nos sentimos indignos de felicidad y no lo bastante buenos para compararnos con los demás en la mayoría de las áreas de la vida, es mucho más devastadora.

Esta pérdida de autoestima generalizada puede degenerar rápidamente en una profecía autocumplida. Nos comparamos con otros y encontramos infinidad de aspectos en los que no estamos a la altura. Al juzgarnos inferiores, nos echamos la culpa de todo lo que va mal. Nos esforzamos cada vez más en alcanzar la perfección, pero no podemos desprendernos de la destructiva sensación de que *todo* lo que hacemos es inadecuado. Constantemente estamos amplificando nuestras debilidades y nos etiquetamos de estúpidos, de feos, de desagradables; nos decimos que somos un fracaso, que somos unos negados.

Nuestro más pequeño error o descuido se agranda a nuestros ojos hasta el punto de que perdemos la fe en nuestra capacidad de comunicarnos, relacionarnos y actuar con eficiencia. Caemos en la trampa de pensar que el mundo entero nos ve tan patéticos como nos vemos nosotros mismos. Eso hace que malinterpretemos las palabras y acciones de la gente –que por lo general son inocentes– creyendo que están señalando lo miserables que somos en realidad. Constantemente reaccionamos de una manera exagerada ante las situaciones y los comentarios porque todo nos parece un ataque personal a nuestra ineptitud. Las demás personas entonces nos ven raros y se dan cuenta de que hemos perdido la energía, y su reacción refuerza nuestros temores. Dañamos nuestras relaciones y nos distanciamos cada vez más de la gente. Esto nos demuestra otra vez que somos como nos vemos y erosiona aún más nuestra capacidad de conectar con los demás. Cuanto más nos saboteamos a nosotros mismos, menos capaces somos de interrelacionarnos de manera eficaz.

Pero no perdamos la esperanza. Podemos invertir la espiral descendente de la autoestima cada vez menor. Al identificar de qué modo hemos perdido la confianza en nosotros mismos, podemos detener la erosión de nuestra propia imagen. Eso nos permite concentrarnos en restablecer la magnificencia que es nuestra auténtica naturaleza intrínseca, a continuación de lo cual viene la confianza en nosotros mismos y en nuestra capacidad de conseguir felicidad y satisfacción, así como de aprovechar la abundancia del mundo. Empecemos por echar un buen vistazo a la manera en que perdemos la autoestima y luego, lo que es aún más importante, trabajemos para restablecerla y asumir la magnificencia que nos pertenece por derecho natural.

El camino para aumentar la autoestima pasa por reconocer el doloroso pasado y dejarlo atrás, a fin de manejar eficazmente la charla negativa con nosotros mismos para diseñar deliberadamente un futuro que sea coherente con la persona que hemos decidido ser, una persona que nos enorgullezcamos de conocer y amar. Expondremos los mecanismos humanos que acaban con nuestra moral y estudiaremos un proceso probado para recuperar nuestro poder personal y la pasión por la vida. Gracias a estas herramientas para reinventar la manera en que te percibes a ti mismo, adquirirás el poder de impactar a los demás.

El sufrimiento siempre es opcional. Al asumir la responsabilidad de tu vida y tu magnificencia, dejarás de estar a merced de cualquier obstáculo que se cruce en tu camino. Día a día aumentará tu confianza en que posees la capacidad de impactar a los demás con una intención y un propósito recién descubiertos.

Reto: Decide en este momento realizar los ejercicios de desarrollo personal presentados en este libro. Tienes la capacidad de reinventarte a ti mismo, elevar tu autoestima y llevar una vida plena, satisfactoria. Todo empieza ahora al tomar esa decisión. No te limites simplemente a leer este libro desde una perspectiva pasiva, como si estuvieras viendo la televisión. Al contrario: adopta la intención de aplicar los principios explicados y de realizar los ejercicios sugeridos sabiendo que trasformarán tu vida y te devolverán la autoestima.

En la medida en que te resistes a ser quien eres, la condición que estás evitando persistirá y tu autoestima se resentirá. Enamórate de la persona que eres y maneja tus «cosas» momento a momento. Para hacerlo, administra tus compromisos.

DR. JOE RUBINO

2

El paradigma de la perfección

Un paradigma es una suposición encubierta que sostiene la gran mayoría de la población. Al igual que el aire para el pájaro o el agua para el pez, el paradigma generalmente es invisible para quienes lo sostienen. Por lo general no se puede analizar o distinguir fácilmente. Como digo, no es más que una suposición que todo el mundo hace y que se sobreentiende que es válida. Está extendido en nuestra cultura e influye de manera invisible en la manera de pensar y actuar de la gente.

Por ejemplo, en la época de Cristóbal Colón un paradigma común era que el de que la Tierra era plana. Los navegantes se cuidaban muy mucho de aventurarse en el mar demasiado lejos de la costa por miedo a caerse por el borde. Hasta que llegó Colón y lo puso en duda, el paradigma generalmente aceptado era que vivimos en un planeta plano. Pocos cuestionaron este «hecho» hasta que el viaje de Colón al Nuevo Mundo demostró que era incorrecto. Fue entonces cuando se estableció un nuevo paradigma sobre la forma de la Tierra; a saber, que es redonda.

En los primeros tiempos de las colonias norteamericanas, los puritanos creían que existían las brujas. Todo el mundo *conocía* este «hecho», así como que la forma de tratar a las brujas era quemarlas en la hoguera. Era un lugar común, una práctica aceptada.

Los paradigmas conforman claramente las creencias de la sociedad que los sostiene. Cada uno de ellos nos impide ver los demás. En nuestra cultura occidental, existe el paradigma de la perfección. A medida que crecemos y nos desarrollamos, cada uno de nosotros se da cuenta intrínsecamente de cómo se comporta y qué aspecto tiene la persona «perfecta», de cuál es su modo de pensar y actuar. Pronto aprendemos qué es aceptable y qué es diferente y no da la talla. Aunque la belleza física es sólo un aspecto de la perfección, muchos de quienes carecen de una autoestima saludable comienzan el proceso de la autodestrucción juzgándose a sí mismos como poco atractivos, demasiado bajos o altos, demasiado gordos o delgados; o que de cualquier otro modo no están a la altura de los estándares físicos o sociales establecidos por nuestra cultura. La idea equivocada de que la perfección es alcanzable es una garantía de decepciones.

En nuestra civilización occidental, el hombre perfecto está bien representado por los personajes más populares del cine y la televisión. Todos aquéllos a quienes tenemos en más alta estima son guapos, inteligentes, fuertes y altos, conducen coches de lujo, son cultos y rezuman carisma. Tienen buena educación, controlan sus emociones y ejercen poder. Están llenos de confianza en sí mismos, rara vez les faltan las palabras y son decididos en sus actos. Todos sabemos qué aspecto *debería* tener el bueno de la película y cómo *debería* actuar, de la misma manera que sabemos que el malo no está a la altura de esos mismos estándares.

Este paradigma de perfección masculina es excluyente. Según él, si no eres blanco, guapo, alto y carismático y careces de las cualidades asociadas a un hombre prominente, tiene que haber algo de malo en ti. No das la talla ni eres lo suficientemente bueno como para ser tenido en la más alta estima.

Del mismo modo, las niñas crecen con una idea muy clara de cuál es el aspecto de la mujer perfecta. Debe ser bella, delgada, sexy e inteligente, y tener el carisma y las dotes necesarias para granjearse la estima de la sociedad. En los vídeos musicales aparece ante nuestros ojos una sucesión de mujeres bellas, atractivas y llenas de talento, reforzando aún más la noción de que hay que ser atractiva, delgada y carismática, y tener éxito. Al crecer aprendemos exactamente qué constituye el ideal del chico o la chica, del hombre o la mujer.

Los medios de comunicación y la televisión establecen el telón de fondo desde el que las comparaciones son difíciles de evitar. Como diremos en posteriores capítulos, la noción original de que no damos la talla procede de una decisión que tomamos pronto en la vida: la de que de alguna manera no somos lo bastante buenos, que no merecemos amor ni respeto y que somos deficientes en comparación con nuestros iguales. De ese modo, aunque el concepto de nuestra falta de valía tal vez no surgiese en un principio de la televisión y el cine, esas imágenes de perfección sirven para reforzar la idea ya presente en nosotros de que somos inferiores. Nos proporciona un gran contraste con lo que hemos observado en el espejo, y nos lleva a la conclusión de que la perfección es alcanzable; pero no para nosotros. De nuevo, la imagen personal puede ser sólo un componente de la baja autoestima. Este estado va mucho más allá de la falta de atractivo físico: llega hasta el núcleo mismo de nuestra valía como personas, e impacta en nuestra capacidad de alcanzar los objetivos que nos fijamos y de honrar nuestros valores.

Debido al deseo de evitar el dolor en el futuro y de compensar la imagen empañada de nosotros mismos, a menudo tratamos de ejercer un control cada vez mayor sobre nuestro entorno. El perfeccionismo surge de ese deseo de controlar a otros y evitar que nos dominen. Esta conducta intensifica la resistencia a nuestras tendencias perfeccionistas y nos distancia más aún de los demás, reforzando la idea de que no pertenecemos al grupo, de que somos desagradables e indignos.

Otro paradigma que influye mucho en nuestra opinión sobre las personas está relacionado con lo que hacen en la vida. Estimamos mucho más unas profesiones que otras. Glorificamos ciertos trabajos, consideramos que otros son respetables y nos limitamos a desdeñar otros muchos. Lo normal es que tengamos a nuestros líderes más destacados en la más alta estima; al menos hasta que se caen de su pedestal. Los grandes deportistas y las estrellas de cine son objeto de admiración y casi de culto; además, cobran los mejores sueldos. Consideramos a los médicos, y en particular a los cirujanos, como los trabajadores más dignos de admiración. Otros profesionales de la salud como los dentistas, optometristas, podólogos, quiroprácticos y enfermeros ocupan su lugar en la jerarquía como profesiones respetadas. Los abogados están por debajo de ellos, pero por encima de los contables, empleados de agencias de viajes y tenderos: pues tal vez no tengan escrúpulos, pero ganan más dinero.

En la parte inferior de la jerarquía están los obreros; entre ellos, los menos cultos y menos cualificados son los que tienen el estatus más bajo.

Pero más abajo aún encontramos a los parados y los que necesitan asistencia social; y el escalón más bajo del todo lo ocupan las personas sin techo, los alcohólicos, los drogadictos, los delincuentes y los presidiarios.

Para muchos, el primer golpe a su autoestima se produce cuando se dan cuenta de que no se adaptan al modelo de perfección. Tal vez sean gordos o bajos, tengan las orejas grandes, sean de origen humilde, provengan de un hogar destrozado o posean cualquier otra de las innumerables cualidades que hacen que una persona sea menos deseable, que no sea lo bastante buena ni merezca pertenecer al grupo y ser amada.

Muchos individuos dejan que la falta de perfección que perciben en sí mismos les impida tener éxito y una buena posición. Se resignan a llevar una vida mediocre cuando se dan cuenta de que no ocupan un lugar elevado en la escala de valía personal debido a sus aptitudes, su educación, su trabajo y su posición social. Carecen de dotes o talentos aprendidos, y lo interpretan erróneamente como una falta de valía como personas. Equiparan su situación económica y su posición social con su mérito personal.

Aunque la posición social asociada a la ocupación de uno, por buena que sea, no garantiza un nivel de autoestima proporcionalmente igual de elevado, lo cierto es que la baja autoestima con frecuencia hace que la persona no destaque y no consiga esos puestos que inspiran respeto. Todos conocemos casos de deportistas que caen en las drogas o la delincuencia y de estrellas de cine que se suicidan. Así pues, haber conseguido una ocupación con estatus elevado no garantiza necesariamente una autoestima también elevada. De todas maneras, el modo en que nos comparamos con los demás influye en la imagen de nosotros mismos.

Todos estos paradigmas nos enseñan a mirar con lupa nuestras debilidades mientras perdemos de vista nuestras fortalezas. Cuanto más se deteriora nuestra imagen, menos claramente nos vemos a nosotros mismos. Caemos en la trampa de pensar que el resto del mundo ve la misma imagen poco favorecedora que nos atribuimos. A medida que continúa el círculo vicioso del sabotaje a nosotros mismos, hacemos realidad nuestros peores miedos. A través de nuestras expectativas y acciones, creamos las pruebas que corroboran la baja opinión que tenemos de nuestra valía. Al conseguir que nuestros temores se realicen, nos damos la razón y nos sumimos en las tinieblas de la autocompasión. Pero el panorama no tiene por qué ser así.

Las interpretaciones erróneas dañan tu autoestima y gobiernan tu vida. La libertad proviene de reinterpretar tu pasado con compasión hacia tu humanidad y la de los demás.

DR. JOE RUBINO

3

Los orígenes de la falta de autoconfianza

Algunos de nosotros nos dimos cuenta por primera vez de que no dábamos la talla cuando descubrimos que no nos adaptábamos al paradigma de perfección. Descubrimos que teníamos el color, el tamaño, la forma o el aspecto inadecuados. Tal vez que olíamos o vestíamos raro, o que no éramos geniales ni recibidos con aprobación por nuestros iguales. O puede que nuestros padres nos gritaran, nos castigaran severamente o nos ignoraran.

Para muchos, la conciencia de no pertenecer al grupo apareció a raíz de algo que alguien dijo o hizo, como resultado de lo cual se sintieron diferentes y apartados de los demás. Ese sentimiento les hizo llegar a la conclusión de que debía de haber algo de malo en ellos, y aceptaron dicha conclusión como un hecho probado sobre cómo eran en realidad. Pero ese «hecho» no era la realidad, sino una decisión tomada a partir de un razonamiento emocional, no objetivo.

¿Pueden dos niños con un origen y un entorno similares desarrollar niveles de autoestima muy diferentes? La respuesta estriba en las interpretaciones de cada niño respecto a los acontecimientos de la vida. A ojos de otros observadores, la situación en particular que precipitó el discurso interior negativo pudo muy bien parecer totalmente inofensiva. Pero, si supuso un cambio en el modo en que el niño se percibía a sí mismo, pudo ser el inicio de la disminución de su autoestima.

Este libro proporciona las herramientas necesarias para trasformar esas tempranas interpretaciones que dan lugar a un círculo vicioso de erosión de la autoestima. Aprenderás a analizar tu discurso interior negativo y empezarás a verte a ti mismo y a los demás desde un punto de vista más positivo. Tu capacidad de elevar *tu* autoestima depende de que estés dispuesto a poner en práctica las nuevas técnicas que estás a punto de aprender y a generar un discurso interior positivo, momento a momento, durante el resto de tu vida.

Ejercicio: ¿En qué aspectos consideras que no eres lo bastante bueno, que no eres perfecto o que no eres digno de disfrutar del amor y la abundancia? Además de detallar tus fortalezas, enumera también tus debilidades. Decide ahora mismo desarrollar estos últimos y buscar la excelencia en lugar de la perfección, comprendiendo que la perfección es inalcanzable.

Sólo tú puedes reducir tu autoestima y sólo tú puedes restaurarla. La libertad es independiente de cualquier cosa que otros digan o hagan.

DR. JOE RUBINO

4

Trasforma tu discurso interior negativo en uno positivo

La clave para invertir el proceso de la falta de autoconfianza está en crear interpretaciones que nos emancipen de lo que dicen o hacen los demás, en vez de interpretaciones negativas para nosotros que nos provocan una sensación de incompetencia. Hay que adquirir práctica en distinguir los hechos de las interpretaciones.

Con demasiada frecuencia confundimos lo que realmente se dijo o se hizo con el significado personal que atribuimos a estos hechos. Aquellos que tienen baja autoestima presentan una mayor tendencia a conferir a posteriori significados negativos a los sucesos de la vida. La importancia que atribuimos a estas situaciones tiene connotaciones personales negativas, aun cuando no fuera la intención de nadie o ni siquiera sucediese. Estas interpretaciones perjudiciales desencadenan inmediatamente la ira, la tristeza o el miedo, emociones que en breve se hacen familiares para nosotros y nos inducen una falsa sensación de seguridad. Aunque no nos gusta nada sentirnos enfadados, tristes o asustados, lo cierto es que elaboramos continuamente explicaciones de los sucesos que llevan a esos estados de ánimo. Más adelante explicaremos en este libro cómo nuestra maquinaria humana saca pleno partido del poder de estas intensas emociones para mantener tal como está la imagen peyorativa de nosotros mismos. Continuamente empañamos los hechos con nuestras interpretaciones. Cuanto más intensas se hacen esas emociones, mayor es nuestra tendencia a atribuir connotaciones incorrectas a las situaciones; y, cuanto más lo hacemos, más se erosiona nuestra autoestima.

La buena noticia es que cualquiera puede aprender a atribuir un sentido positivo –o al menos neutral– a lo que otros dicen o hacen, reemplazando así las habituales implicaciones negativas. El primer paso para ello es desarrollar la capacidad de distinguir los *hechos* de las *interpretaciones* que atribuimos a esos hechos. Esto es especialmente útil en tiempos de estrés y trastornos, cuando están presentes las emociones de la ira, la tristeza o el miedo. Como las banderas rojas, esas emociones nos advierten de que estamos confundiendo los hechos con nuestras interpretaciones de éstos, con lo que se desencadena así el discurso interior negativo que erosiona nuestra autoestima.

Examinemos con detalle este destructivo discurso interior. Imagínate la charla negativa contigo mismo como un personaje que siempre piensa lo peor, a quien llamaremos Chip, aferrado a tu hombro.

Es importante que distingas la desdeñosa voz de Chip como una entidad exterior que está separada de ti. Chip puede ser hombre o mujer y con frecuencia adopta la imagen o las cualidades de un progenitor reprobatorio o un antiguo detractor. Es importante que distingas entre los pesimistas consejos de Chip y la sabia orientación de tu intuición y tu conciencia. Los primeros son escépticos y se basan en el miedo, mientras que la segunda refleja sabiduría y una nueva percepción. Tu intuición nunca se equivoca. Es la sagaz luz interior que te guía por los turbulentos mares de la vida.

¡Conoce a Chip! Imagínalo claramente como un personaje que existe para dejarte en mal lugar, arruinar tus relaciones e impedir que te desarrolles como persona.

Como contrapartida, aunque Chip sea resuelto no es muy valioso a la hora de defender tu excelencia o hacer que te sientas bien contigo mismo. Su misión es o bien hacer que sigas siendo poco importante y estés a salvo de los riesgos, o mantenerte esclavizado para siempre en el intento de hacerlo mejor y llegar a ser respetable. Lo consigue a la perfección susurrando disparates en tu oído que hacen que te sientas mal respecto a tu identidad. Eso conduce a dos situaciones hipotéticas muy comunes: la primera es que traiciones tus necesidades y tus sueños, evitando las situaciones nuevas y renunciando por temor a tu verdadera magnificencia; la segunda es que te veas impulsado a probar que Chip se equivoca respecto a tu valía personal. Tal vez reconozcas que has pasado por ambas situaciones en diferentes momentos de la vida.

Examinemos la primera situación. A Chip le encanta que te conviertas en una víctima, pues eso facilita mucho su labor. Las víctimas no son parte del grupo. No gustan a la gente ni tienen buen aspecto. Tampoco se arriesgan a salir de su zona de comodidad: no se aventuran en terreno desconocido ni aspiran a grandes (y potencialmente peligrosos) logros. Viven en un mundo señalado por la resignación, un mundo que los excluye al no considerarlos lo bastante buenos para participar.

Chip puede haber hecho que creas erróneamente que es más seguro esconderte, dejar de intentarlo y darte por vencido que pedir la luna o intentar ganar una medalla de oro. Te hará creer que es preferible apostar sobre seguro y evitar los riesgos para no fracasar. No pierde el tiempo; enseguida te señalará todas las razones por las que deberías sentirte mal contigo mismo, con la persona que eres. Quiere que creas sus desaires y humillaciones para que no te consideres digno de acometer nuevas empresas y encontrar el éxito o la libertad. Si no lo intentas, no puedes fracasar; y así Chip te habrá protegido de esa desagradable posibilidad. Sabe que si escuchas sus consejos, estropearás tus relaciones y sabotearás tu éxito; considera ambas cosas innecesariamente arriesgadas y, como un maestro excesivamente protector, prefiere que te quedes en casa y te escondas debajo de la cama en lugar de que te aventures. Prefiere que te enfades contigo mismo por ser un fracasado antes que de que arriesgues a un destino peor: que te excedas y hagas algo que está más allá de tus posibilidades. Chip es también un maestro de la culpa. Al recordarte todas las veces que la pifiaste, fuiste egoísta, hiciste daño a otros y te caíste de bruces, consigue que te machaques a ti mismo una y otra vez. Y cuando te machacas, aunque parezca un contrasentido, realmente te sientes mejor sabiendo que has sido castigado como corresponde por tus trasgresiones.

Chip te dirá que la vida no es tan mala si la vives apaciblemente, sin el estrés que acompaña a la necesidad de conseguir grandes cosas. Tal vez racionalices que te estás librando de todos esos extremos negativos al plantearte las cosas a pequeña escala y no explotar plenamente tu potencial. Pero, si es así, probablemente tu vida esté empañada, desprovista de la pasión y el poder que podrías experimentar si te plantearas las cosas a mayor escala. Si desarrollas de nuevo un sano amor propio, estarás en camino de reclamar tu magnificencia y de generar diversas posibilidades nuevas de alcanzar la felicidad y cumplir todos tus objetivos.

Chip también puede gobernar tu vida convenciéndote de que superarás tu falta de valía personal con tal de que te esfuerces más y aspires a la perfección. Te convence de que puedes manejar —o al menos camuflar— esa inutilidad tuya trepando hasta arriba de la escalera apoyada contra la pared de la impecabilidad, cuyo extremo está oculto entre las nubes. Una vez que alcanzas lo que creías que era el extremo superior, descubres que sigues sin ser perfecto; apenas has conseguido nada para contrarrestar tu falta de valía y debes continuar trepando por la escalera hasta que llegues a ese estado impecable. Por supuesto, la escalera no tiene fin. La perfección, lamentablemente, siempre estará fuera de tu alcance y de tu vista; el resultado es que no paras de machacarte a ti mismo en tu vana persecución de ese objetivo inalcanzable. Cuanto más te reconviene Chip por no ser lo bastante bueno, más te esfuerzas tú por ser digno, lo que consideras equivalente a ser perfecto. En ese estado carente de potestad, en el que te flagelas a ti mismo, es menos probable que lo hagas lo mejor posible y que explotes todo tu potencial. No hay ninguna paz en ese escenario.

En ambas situaciones hipotéticas, Chip consigue echar por tierra tu autoestima y hace que te resignes a no ser nunca lo bastante bueno, al interferir con tu capacidad de distinguir entre lo sucedido y tus interpretaciones. Para reclamar tu autoestima debes ser capaz de reconocer cuándo Chip está diciendo tonterías y darte cuenta de que sus desacertados consejos no contribuyen a tu excelencia, tu felicidad o tu magnificencia. La culpa siempre es algo opcional. En lugar de reprenderte a ti mismo por tus defectos, cultiva tu excelencia siendo capaz de responder de una manera coherente con tu visión, tus valores, tus compromisos y tu propósito en la vida.

Asimismo, muchos de los mensajes despectivos que Chip nos susurra al oído no empiezan con nosotros. No siempre hemos programado las frases desdeñosas o malinterpretado los dichos o hechos, menoscabando nuestra autoestima. Muchas veces otras personas nos han dicho realmente que no éramos lo suficientemente buenos, que éramos indignos de amor o de las mejores cosas de la vida. Sin embargo, *nosotros* aceptamos y asimilamos los despectivos delirios ajenos. Es posible que uno de tus progenitores, de tus abuelos o alguna otra persona te dijera que tenías algún tipo de defectos y tú te lo creíste. Ahora Chip hace suyas las palabras de esa persona para recordarte tu inferioridad. Pero, ya se originasen tus pensamientos despectivos en tus propias interpretaciones erróneas o en las desagradables palabras de otros, tienes la capacidad de reconocer que estos pensamientos son falsos y no contribuyen a tu felicidad. Estás en posesión del formidable poder de reprimir a tu crítico cada vez que profiera esas críticas palabras.

Chip nunca se irá de tu lado; permanecerá contigo toda tu vida. Vive para producirte insatisfacción respecto a quién eres en el fondo de tu corazón y a cómo es tu vida. Cuantos más trastornos, conflictos y sufrimientos ayuda a crear Chip, peor te sientes contigo mismo y más validez tiene él. Descubrirás que es especialmente hablador en épocas de estrés o disgustos. Aprovecha esas oportunidades para recordarte lo mal que das la talla. Lo mejor que puedes hacer es reconocer sus aviesas intenciones para protegerte del daño o motivarte para ser mejor; y luego ponerte unos tapones en los oídos emocionales a fin de no oír más sus saboteadores mensajes. Debes reconocer su voz cuando se presenta para expresar sus opiniones y saber que no necesitas escuchar lo que te dice. Sus imprudentes y desconfiados consejos te menosprecian y dejan en mal lugar, arruinan tus relaciones y ocasionan trastornos en tu vida. La manera más efectiva de silenciar *temporalmente* a Chip es decirle enérgicamente que SE CALLE y SE VAYA A PASEO. Tienes que ser tan enérgico al silenciar su negativa cháchara como lo es él cuando la profiere continuamente. Tu capacidad de distinguir entre la dominante y desdeñosa voz de Chip y los bondadosos y sabios consejos de tu intuición ayudará a que tu autoestima medre.

Ejercicio: Durante la próxima semana, mientras te ocupas de tu rutina diaria, estate atento para ver cuándo Chip te rebaja o hace de menos, te perjudica y te impide crecer como persona. Anota cada pensamiento negativo que tengas sobre ti mismo. Distingue claramente la voz de Chip de la voz de tu intuición, que es de confianza. Date cuenta de cómo cada pensamiento negativo sirve a algún propósito desde el punto de vista de Chip. Puede que te dé la razón sobre algo, que te permita dominar a otros o que te proteja de daños o decepciones potenciales. Tal vez te haya impulsado a triunfar; o quizá haya hecho que te reprendas lleno de culpa o lástima de ti mismo, o que evites asumir la responsabilidad de tu magnificencia. Tendrás ganada la mitad de la batalla de silenciar a Chip cuando reconozcas cuándo te está hablando y te des cuenta de que sus consejos son un disparate. Échale una enérgica bronca a Chip cada vez que oigas su engañosa voz.

Examinemos ahora una manera de sacar a la luz y contrarrestar la malicia de Chip.

Si tu autoestima es baja, lo más probable es que tu atención esté centrada en ti mismo.

DR. JOE RUBINO

5

Distingue los hechos de las interpretaciones

Por supuesto, todos creemos que conocemos la diferencia entre los hechos y las interpretaciones de éstos. Pero, ¿es realmente así? Empecemos por examinar de cerca lo que constituye un hecho. Los hechos son sucesos reales y están desprovistos de opiniones e insinuaciones. Los hechos están en blanco y negro. Son acontecimientos reales que tienen lugar y las palabras exactas que se pronuncian en una situación concreta. Un hecho es exactamente lo que alguien dice o hace. Un redactor de informativos que se precie o un buen investigador criminal sólo informan de los hechos.

En cambio, las interpretaciones son los significados que atribuimos a lo que se dijo e hizo. Estamos tan acostumbrados a confundir estos significados con lo que ocurrió en realidad que a menudo nos resulta difícil distinguir entre ambas cosas. Esto es especialmente cierto en el caso de lo que dicen y hacen los demás. Dos personas pueden presenciar una misma escena o escuchar una misma declaración y llegar a dos conclusiones enteramente distintas sobre lo que se ha dicho o hecho, o sobre lo que se pretendía decir o hacer. Cada una jurará que su versión de los hechos es la verdadera. Pero lo que ambas olvidan es que, en lo relativo a lo que la gente dice y hace, no hay una realidad absoluta; sólo la percepción de cada individuo.

Todos vemos el mundo sobre la base de nuestras pasadas experiencias, creencias, prejuicios, necesidades y estados emocionales. No hay dos personas que experimenten un suceso dado exactamente de la misma forma. De hecho, un mismo individuo puede percibir una situación dada de distinta manera si está cansado, preocupado, enfadado, enfermo o en un estado mental alterado. Lo que pensamos que es nuestro relato objetivo de un acontecimiento es en realidad la versión personal que creamos sobre la base del sentido que atribuimos a los hechos; una versión que, por lo general, está influida por suposiciones y prejuicios muy arraigados de los que ni siquiera somos conscientes.

La manera de interpretar las palabras de otros depende también de nuestra forma de escuchar. Dependiendo de que nuestro estado sea positivo o negativo, aceptador o crítico, tranquilo o enfadado, nuestra interpretación de lo que hemos oído será una u otra. En contra de la creencia común, nuestra *actitud como oyentes* nunca está vacía cual pizarra en espera de que escriban en ella. Al contrario: todas nuestras creencias, opiniones, esperanzas y miedos la llenan. Con frecuencia no oímos exactamente lo que la gente está diciendo o tiene intención de decir. De hecho, sólo podemos oír algo si tenemos unos antecedentes para interpretar lo que se está diciendo a partir de ellos. La actitud –o estilo– de algunas personas es de escucha generosa, dando a los demás el beneficio de la duda. La de otras, en cambio, es crítica, como si esperasen pillar al orador en falta. Para cambiar eficazmente tu manera de escuchar, primero identifícala y luego decide conscientemente abandonar ese hábito *automático* para adoptar una nueva actitud resuelta, *de poder.* En la lista de la página siguiente encontrarás algunos ejemplos de maneras de escuchar tanto automáticas como generadas. Identifica tu estilo de escucha habitual y luego decide escuchar de una manera nueva que te confiera poder. Todo lo que se requiere para escuchar de otra forma es reconocer cuándo lo estás haciendo de un modo que no te respalda, para luego cambiarlo a propósito por otro receptivo que sí te respalde. En mi libro *The Power to Succeed, Book II: More Principles for Powerful Living* analizo más a fondo la capacidad de escucha.

Estilos de audición automáticos comunes[*]

- Eso ya lo sé.
- Date prisa y ve al grano.
- De acuerdo/en desacuerdo, correcto/erróneo.
- ¿Les caigo bien?
- Parecer bien.
- Sentirse ofendido.

Estilos de audición con poder[**]

- Aprender algo nuevo.
- Por el valor en sí, sin tener en cuenta el estilo.
- Considerar lo que se dice dejando a un lado los prejuicios.
- Aportar algo a la otra persona.
- Potenciar la grandeza de los demás.
- Sin adhesión a lo que se dice.
- Por lo que es similar en el mundo de la otra persona.

Al entrenarnos para distinguir los hechos de las interpretaciones, podremos evitar con éxito muchos de los malentendidos que ocasionan trastornos en la vida diaria. Con demasiada frecuencia, creemos que estamos hablando de los hechos cuando en realidad los estamos interpretando.

Por ejemplo, la afirmación «Jim es un imbécil» puede parecerles un hecho a quienes comparten esa misma opinión; pero se trata de una interpretación de las cosas que hace Jim. Decir «Jim les chilló a su mujer y a su hijo y le dio una patada al perro» sí es una exposición de los hechos; es lo que sucedió. No hay juicios de valor en ella. En cambio, cuando aventuramos una opinión sobre lo que ha ocurrido (que Jim es un imbécil), desatamos la energía emocional ligada a nuestro juicio sobre lo que significa ser un imbécil. Desde su punto de vista, Jim se comportó de la manera en que se supone que se comporta la gente cuando está enfadada. Aprendió esa conducta observando a su propio padre actuar de forma similar. Es el único modo

---

[*] Adaptado de las enseñanzas de Mike Smith y Carol McCall.

[**] Ídem.

que conoce de expresar la ira. Aunque no aprobemos la conducta de Jim, podemos entender que él no comparta la opinión de que es un majadero.

De forma similar, si presenciamos como una mujer le da unos azotes a su hijo, tal vez digamos «esta mujer es abusiva y cruel» y pensemos que estamos relatando lo que hemos visto. Pero puede que a esa mujer la educaran en la creencia de que las madres que quieren de verdad a sus hijos les castigan como muestra de su amor. Sus actos pueden derivarse de su compromiso con la excelencia de su hijo. Así que ya ves, «abusiva» o «cruel» son interpretaciones de la situación real. Los hechos son simplemente que la mujer le dio unos azotes a su hijo. A ojos de ella, puede que *no* darle unos azotes al niño refleje falta de amor y, en consecuencia, que ésa sea la conducta verdaderamente cruel y abusiva.

Los prejuicios que hay detrás de estas interpretaciones erróneas con frecuencia se remontan a nuestra infancia. En la creencia de que nos estaban enseñando a distinguir el bien del mal, nuestros padres frecuentemente nos etiquetaron de «malos» cuando nuestro comportamiento no merecía su aprobación. Éramos malos si decíamos cosas fuera de lugar, si gritábamos, si no nos terminábamos la cena, si dejábamos nuestra habitación desordenada o si nos peleábamos con nuestros hermanos o hermanas. En un intento de controlar nuestra conducta, nuestros padres o tutores nos pusieron todo tipo de etiquetas, como malos, vagos, cortos de entendederas, estúpidos, impertinentes, salvajes o egoístas. Al enfadarse con nosotros y hacer como si nos retiraran su cariño, nos daban la impresión de que castigaban reiteradamente nuestra valía en sí misma, no simplemente nuestra conducta inaceptable. Nos tomamos a pecho estas frecuentes regañinas morales y nos quedó el estigma y la culpa concomitante mucho después de que el incidente real cayera en el olvido.

Con respecto a las interpretaciones que dañan la autoestima, el concepto de fracaso es uno de los principales responsables. Aceptamos como un hecho que los fracasos son reales y que son malos. Creemos erróneamente que *existen* los fracasos que experimentamos y eso se refleja en nuestra valía como personas. La noción de tener que evitar el fracaso nos ha hecho renunciar a nuestros sueños y huir de cualquier situación en la que la perspectiva de fracasar sea muy posible. Sin embargo, si consideramos que el fracaso no existe salvo como una interpretación nuestra, podemos comenzar a desarrollar algún poder con respecto a tales situaciones.

Reconsideremos las situaciones pasadas que etiquetamos como fracasos y empecemos a verlas como valiosas experiencias de aprendizaje. Tales encuentros no son más que una parte de lo que significa ser humano. Cuando dejemos de concentrarnos en sacar defectos a nuestro carácter como personas, dejaremos también de considerar lo que ha ocurrido como una oportunidad para invalidar nuestra valía. Entonces podremos fijar nuestra atención en lo que conseguimos y en el valioso desarrollo personal que extrajimos de tales casos. Al aceptar que estas situaciones no hacen sino contribuir a nuestro desarrollo personal, podremos abrazar activamente los fracasos como experiencias de aprendizaje activas, crear una tonelada de ellas y obtener los beneficios derivados de explorar nuevo territorio.

Es importante recordar que todos incurrimos de vez en cuando en malas interpretaciones. Sin embargo, para muchas personas con baja autoestima, esta trampa de malinterpretar lo que otros hacen o dicen puede ser particularmente dañina. Aunque no todos los individuos con baja autoestima comparten este rasgo, quienes muestran esta tendencia hacen que los demás tengan que andar con pies de plomo cuando están cerca de ellos. Cuanto más se distorsione el sentido de la realidad de la persona, más segura estará ésta de que sus impresiones son acertadas y de que el mundo entero se propone fastidiarla. Si no se controla a tiempo, esta distorsión puede degenerar rápidamente en un estado de paranoia.

Si compartes esta propensión a ofenderte con facilidad, un continuo compromiso por tu parte de reconocer la tendencia a juzgar con dureza lo que otros dicen o hacen, más una intención rigurosa de interpretar la vida momento a momento de una manera que no suponga ninguna ofensa, te ayudarán a ser más feliz y tendrás como resultado unas relaciones efectivas y libres de disgustos. A medida que tu autoestima mejore, esta aptitud también mejorará. Siempre habrá necesidad de manejar estas interpretaciones erróneas que son potencialmente ofensivas. El reto no tiene fin, y siempre subsistirá el peligro de volver a las andadas si lo olvidamos.

Para tratar con eficacia con las personas que habitualmente experimentan interpretaciones de la realidad muy distorsionadas hace falta la empatía necesaria para comprender que sus reacciones son coherentes con su visión del mundo. Están haciéndolo lo mejor que saben de acuerdo con su confundida percepción sensorial. Tu capacidad de apoyarlas para que reinterpreten continuamente lo que los demás dicen o hacen de una manera que no conlleve ninguna ofensa personal los ayudará a alcanzar una paz recién descubierta.

Ejercicio: 1) Identifica tus estilos de audición automáticos más comunes. ¿Cómo afectan negativamente a tu autoestima? ¿Qué nuevos estilos de audición con poder vas a generar para respaldar tus relaciones y tu felicidad y para impulsar la imagen de ti mismo? **2**) Reflexiona sobre algún disgusto reciente que hayas tenido. Distingue rigurosamente los hechos (lo que se dijo u ocurrió exactamente) de los significados que inventaste sobre ellos. ¿De qué modo reducen tu autoestima esas interpretaciones erróneas de tu cosecha?

Somos capaces de sacrificar nuestra salud, nuestras relaciones, el amor, la paz, las posibilidades y la felicidad con tal de tener la razón. Renuncia a tu derecho a tener razón y tu autoestima florecerá.

DR. JOE RUBINO

6

Estados de ánimo

Nuestros estados de ánimo son el cemento que mantiene fijo en el suelo el mecanismo de la mala interpretación. Pongamos que observamos una situación real. De inmediato atribuimos algún significado a lo que se dijo o se hizo en ella. Esa interpretación nos lleva a nuestro estado de ánimo más familiar; en la mayoría de los casos, se trata de la ira. Lo más habitual es que la dirijamos primero contra aquéllos a quienes acusamos de tratarnos injustamente, pero también podemos encauzarla internamente en contra de nosotros mismos, con lo que destrozaremos nuestro concepto del amor propio.

Además, la ira tiene matices en función del juicio de valor que hayamos hecho. Puede tratarse de ira indignada (¡Cómo te atreves!), si juzgamos que nos han agraviado a nosotros o han agraviado a otras personas; también puede estar teñida de superioridad moral (No me puedo creer que hayas hecho algo semejante…), etc. En resumen, puede pasar por toda la gama: desde una simple irritación hasta la cólera más desatada, dependiendo de hasta qué punto afecte el episodio a nuestro sentido de lo que es justo e injusto.

La pasión de la ira suele ir acompañada de una respuesta física del cuerpo. Algunas personas se «calientan» o se les pone roja la cara. Otras notan tensión o dolor en las mandíbulas por apretar o rechinar los dientes. A otras se les eriza el pelo en la nuca. Las hay que experimentan dolor de cabeza o de estómago.

Te será útil darte cuenta de tu propia reacción física a cualquier situación que desencadene una respuesta airada. Esta pista física es una señal de advertencia de que es hora de *parar, soltar* y *percibir:* parar la acción y tomarse un minuto para analizar exactamente lo que está sucediendo; soltar la energía negativa y liberar la ira que te hace reaccionar negativamente en contra de la persona que desencadena tu estado de ánimo; percibir la oportunidad de reinterpretar la situación y salir del destructivo círculo vicioso que te llevaría a erosionar más tus relaciones y perder más autoestima.

Para la mayoría de nosotros, la ira es la emoción predominante. Algunos rápidamente la trasforman en tristeza o miedo. Puede ser una transición tan familiar y tan rápida como para que estas personas sólo se den cuenta de que están tristes o asustadas, en lugar de airadas. A menudo se debe a que tienen la habilidad de suprimir inmediatamente la ira para sentirse más cómodas con las más aceptables emociones de la tristeza o el temor. Las personas que presentan tendencia a la tristeza buscarán inconscientemente interpretaciones que «las pongan» tristes. Si compartes esta tendencia, reconoce cuán a menudo coges lo que alguien dice o hace y lo interpretas de modo que te pones en tu «modo» triste.

Lo mismo puede decirse del miedo. Si tu estado de ánimo predominante es el miedo, aprovecharás cualquier oportunidad para asustarte. Interpretarás las situaciones como peligrosas o aterradoras cuando esos mismos acontecimientos no desencadenarían el miedo en quienes tienen un estado de ánimo diferente.

Aprender a reinterpretar lo que los demás dicen y hacen, de modo que no haya un estado de ánimo asociado a tu nueva interpretación, es el secreto para romper el círculo vicioso que sabotea tu magnificencia, tu felicidad y tu autoestima.

Ejercicio: Reflexiona sobre algunos disgustos recientes. Identifica tu estado de ánimo predominante. Será alguna forma de ira, miedo o tristeza. En cada caso, distingue los hechos (lo que se dijo o hizo) de cualquier interpretación tuya que generara en ti ese estado de ánimo. Luego crea una nueva interpretación sobre lo que se dijo o hizo que te confiera poder y que tenga como resultado que te veas liberado de ese estado de ánimo.

Si eres un ser humano, entonces eres un majadero; uno que finge que no lo es. La iluminación es descubrir que eres un majadero y que todo el mundo lo es también. No podemos ser magníficos si no nos permitimos ser majaderos.

MIKE SMITH

7

El círculo vicioso

Así pues, recapitulemos el problema. Alguien dice o hace algo. Eso es escuetamente lo que ocurrió. Pero tú atribuyes de inmediato algún sentido negativo a lo que esa persona dijo o hizo y te lo crees a pie juntillas. Esa interpretación hace que te enfades, te entristezcas o sientas miedo; o te proporciona alguna versión de, al menos, uno de esos estados de ánimo. Todos los habitantes de este planeta hacemos esto mismo en mayor o menor medida. Eso te da la razón y te separa de aquellos que, a tus ojos, están equivocados o son diferentes. Todo este mecanismo se basa en la premisa de que la vida es una lucha constante, difícil y peligrosa; ciertamente, uno encuentra poca satisfacción en él.

Si tu autoestima no está a la altura a la que podría estar, empieza a darte cuenta de cómo atribuyes connotaciones negativas a las palabras o los acontecimientos, y de cómo eso hace que te sientas mal contigo mismo. También puede ocurrir que creas que las críticas de los demás deben ser acertadas. Puede que hayas decidido –o coincidas con otros en– que no eres digno, que no formas parte del grupo, que no le caes bien a nadie, que no eres atractivo o, peor aún, que eres estúpido; o que hayas ideado cualquier otra interpretación que no te permita ser feliz, eficiente o poderoso en tus relaciones. Ya es hora de que te des cuenta de que no necesitas apoyar este discurso interior negativo ni prestar oído a las opiniones peyorativas de otros.

Sí, sin duda parece la verdad. Estás tan acostumbrado a decirte a ti mismo –o a que te digan– que eres menos que los demás en ciertos aspectos importantes de la vida que has llegado a creer que tiene forzosamente que ser cierto. A una edad temprana aceptaste por primera vez como un hecho que no pertenecías al grupo, que eras desagradable o antipático o que no dabas la talla. Luego empezaste a observar el mundo a través de un cristal tintado que reflejaba esa misma perspectiva. Esta visión equivocada hizo que interpretaras los acontecimientos en el futuro de modo que reforzasen la pobre opinión de ti mismo. Cuanto más firmemente creías que había algo malo en ti, más desarrollaban e impulsaban tus interpretaciones este engaño; y, cuanto más grande se hacía éste, más reflejaban tus actos la pérdida de autoestima. Puede que te aislaras socialmente hablando, o que te enfadaras o te pusieras violento, o que recurrieras a una conducta agresiva o antisocial. Tal vez te volviste arrogante en un intento por ocultar tu inseguridad intimidando a otros. O puede ocurrir que te hayas convertido en un manso corderito o en un adulador en un intento por encajar con los demás y caerles bien. Es posible que recurrieras a la comida, el alcohol, el sexo o las drogas en un intento por desconectar del dolor.

Fuera cual fuese la conducta que adoptaste, lo hiciste para protegerte y sobrevivir en un mundo peligroso. Lo hiciste lo mejor que sabías para hacer frente a los demás en función de cómo los percibías. La buena noticia es que ahora puedes entrenarte para ver el mundo desde una perspectiva diferente, más positiva. Esta nueva visión te ayudará a actuar de otra forma; y estas nuevas acciones, a su vez, trasformarán de manera provechosa tus relaciones. La gente te responderá de un modo más favorable, y este refuerzo positivo contribuirá a tu autoestima. Así pues, examinemos exactamente cómo crear estas nuevas interpretaciones que confieren poder.

El 99 por 100 de las reacciones de la gente no tiene nada que ver contigo; el restante 1 por 100 procede del hecho de que tu humanidad desencadena algo en ellos. El 99 por 100 de tus reacciones no tiene nada que ver con la gente; el restante 1 por 100 se basa en que la humanidad de ellos desencadena algo en ti.

CAROL McCALL,
autora de *Listen, There's a World Waiting to Be Heard*

8

Maneja tus estados de ánimo para aumentar tu autoestima

Crea interpretaciones independientes de tus estados de ánimo y que te confieran poder

Necesitamos desconectar la maquinaria de las interpretaciones contraproducentes que todos tendemos a utilizar. La clave está en reconocer cuándo alguien dice o hace algo que activa tu estado de ánimo, que puede ser la ira, la tristeza o el miedo (o bien alguna variación de estas emociones) y que te avisa de que debes reaccionar prestando atención.

Cuando reconozcas que te embargan estas emociones, hazte a ti mismo las siguientes preguntas:

1. ¿Qué sucedió exactamente? ¿Qué fue lo que se dijo o se hizo?
2. ¿Cuáles son los hechos *exactos* concernientes a la situación?
3. ¿Qué sentido he atribuido a lo que se dijo o se hizo, y que ha causado que me sienta enfadado, triste o asustado?

4. Si me pusiera en el lugar de la otra persona y estuviera dispuesto a concederle el beneficio de la duda, ¿qué explicación empática e independiente de mi estado de ánimo se me podría ocurrir que dé cuenta de sus actos?

5. ¿Me doy cuenta de que sus actos no son nada personal contra mí, aun cuando puedan parecerlo en la superficie? Lo que se hizo o se dijo tiene que ver con la otra persona, no conmigo.

6. ¿Cómo contribuye a mi felicidad y a mi creciente autoestima esta nueva interpretación desde una posición de poder?

Cuando nos ponemos en el lugar de la otra persona y preguntamos «¿Cómo será su mundo, y en qué estaría pensando para haber dicho o hecho lo que dijo o hizo?», asumimos la responsabilidad de comprender que nadie puede afectar negativamente a nuestra propia imagen excepto nosotros mismos.

Como señala Carol McCall, experta en el arte de escuchar, el 99 por 100 de un disgusto está relacionado con la propia persona que se ha disgustado, y sólo el 1 por 100 restante tiene que ver con la persona supuestamente causante de éste.

Al crear nuevas interpretaciones que dejan lugar para la empatía, la compasión y el aprecio hacia la otra persona, modificamos nuestra percepción de las circunstancias que concurrieron. Al hacerlo, nos sentimos mejor con el otro individuo y nuestra relación se fortalece. Dejamos de vivir en el pasado para vivir en el presente, donde podemos diseñar deliberadamente nuestro futuro. Creamos nuestro mundo de nuevo, en lugar de estar a merced de los acontecimientos pasados que nos ocurrieron. Eso elimina el estrés, que es siempre el resultado de las interpretaciones incorrectas.

Al renunciar a nuestro derecho a resultar invalidados, alimentamos nuestra magnificencia y nuestra autoestima.

La vieja pauta

Alguien dice o hace algo. > Luego tú apoyas las opiniones negativas o creas interpretaciones sobre lo que se dijo o se hizo que te restan poder, perjudican tus relaciones y hacen que te enfades, te entristezcas o te asustes. > Reaccionas a las imágenes erróneas que tú mismo has creado sobre ti y sobre la otra persona. > Tu comportamiento refuerza un círculo vicioso dramático que continúa erosionando tu autoestima. > Como sigues malinterpretando lo que los demás dicen y hacen, o crees las opiniones despectivas sobre tu persona, refuerzas el círculo vicioso y reduces tu autoestima.

Ejercicio: Reflexiona sobre la última vez que recuerdes haberte sentido disgustado. Responde las seis preguntas presentadas en este capítulo para crear una nueva interpretación independiente de tu estado de ánimo y que te confiera poder. ¿Cómo respalda esto tu autoestima?

¡Te dije que estaba enfermo!

Inscripción de una lápida
(dando la razón al difunto)

9

Por qué mantenemos nuestros estados de ánimo

Tal vez digas que detestas vivir continuamente en un estado de confusión, que estás cansado de estar enfrentado con otros y de sentirte mal contigo mismo. Puede que pienses que esto debería ser incentivo suficiente para reinventarte a ti mismo y reinterpretar las cosas de otro modo. Pero si el proceso de *reconocer* tu estado de ánimo, *dar rienda suelta* a la emoción, *reinterpretar* lo que ocurrió, *crear de nuevo* tu futuro y **reclamar** tu autoestima es tan simple, ¿por qué mantenemos nuestras viejas pautas de comportamiento?

La respuesta yace en la naturaleza adictiva de nuestros estados de ánimo. Detestamos sentirnos enfadados, tristes y atemorizados; pero, así como un heroinómano odia estar enganchado a las drogas pero no es capaz de quitarse esa aguja del brazo, a todos nos cuesta mucho renunciar a nuestros estados de ánimo. Nos mantienen inmersos en el ciclo dramático de la vida. Aunque no nos gusten, nos resultan familiares y cómodos como una antigua costumbre. Hacen que nos sintamos vivos.

Nuestros estados de ánimo nos proporcionan varios placeres opuestos y varias ventajas irónicas. Nos dan la razón, quitándosela al otro. Nos permiten sentir que dominamos a otros, o nos ayudan a evitar que nos dominen a nosotros. Nos convierten en víctimas de nuestras circunstancias; y, en calidad de tales, nuestra autoestima se resiente y llegamos a compadecernos de nosotros mismos. Las victimas despiertan la compasión y la solidaridad de los demás. Con frecuencia es más fácil regodearse en la autocompasión que asumir la responsabilidad de hacer que nuestra vida sea óptima. Mientras seguimos sufriendo, nuestra autoestima disminuye aún más. Nuestra vida nos parece llena de todas las cosas que no deseamos. Queremos todo aquello que no tenemos. Señalamos nuestra baja autoestima en un intento por justificar por qué la vida es como es. ¡No es de extrañar que sigamos sufriendo y sintiéndonos mal con nosotros mismos, con nuestra manera de ser! Cuanto más aborrecemos tener baja la autoestima, más la usamos para justificar por qué no podemos reinventar nuestra vida de manera que sea plena y productiva. Tener baja la autoestima nos libra de tener que enderezar nuestra vida.

Mantener nuestros adictivos estados de ánimo y la pobre opinión de nosotros mismos también tiene otras ventajas irónicas. Al reforzar la impresión de que, por mucho que nos esforcemos, seguiremos sin dar la talla, mantenemos en marcha el juego. Nos decimos a nosotros mismos que vamos a hacerlo mejor. Eso puede significar esforzarse más, estudiar más o dedicar más tiempo a esa persona a la que no parece que satisfagamos. Consagramos nuestra vida a subir a la siguiente cima que vemos delante y que nos desafía a escalarla. Nos decimos a nosotros mismos que, con tal de que coronemos esa cima, seremos dignos de elogios y aceptación. Así que hacemos todo lo necesario para conseguirlo. Sin embargo, al llegar arriba, encontramos otra cima más alta detrás. Nos machacamos a nosotros mismos por no haber trepado lo bastante alto, pero nos comprometemos a aceptar este nuevo desafío sobre la base de que alcanzar esta nueva cumbre nos hará lo suficientemente buenos.

Por supuesto, las cumbres no tienen fin; constituyen una serie constante de nuevos retos que conquistar. Irónicamente, este escenario en el que nunca somos bastante buenos y que nos mantiene en marcha sin parar produce algunas victorias pasajeras. Estos efímeros logros nos permiten enorgullecernos por un breve espacio de tiempo de lo que hemos conseguido. Pero, aun cuando sean hazañas que valen la pena, estamos demasiado ciegos para aceptarlas, creemos a pie juntillas que nunca podremos ser lo bastante buenos.

De modo que esta estructura nos permite conservar la esperanza en nuestra capacidad de superar de alguna manera nuestra falta de valía y convertirnos por fin en lo que tememos no ser. También nos protege de la carencia al impulsarnos a producir constantemente. Sin embargo, al poco tiempo volvemos a abrigar la creencia de que el último logro apenas es suficiente. Nos encontramos de nuevo esclavizados por la rutina de trepar a la próxima cima, sintiéndonos mal con nosotros mismos otra vez. Pero extraer un placer continuado de la autocompasión –sin asumir la responsabilidad de reclamar nuestra autoestima– tiene grandes costes. Identificar dichos costes puede ser el primer paso para generar la motivación suficiente de cara a conseguir que este estado no deseado desaparezca.

Ejercicio: ¿Cuáles son algunas de las principales razones para mantener tu estado de ánimo? ¿Qué ventajas opuestas te reporta el hacerlo?

El sufrimiento es tener algo que no quieres o querer algo que no tienes. La responsabilidad es la clave para eliminar el sufrimiento y elevar la autoestima.

MIKE SMITH

10

Los costes de no reivindicar nuestra autoestima

Hay muchos costes asociados a nuestra reticencia a asumir la responsabilidad de crear interpretaciones que nos confieran poder y sean origen de nuestra estima y excelencia. Uno de ellos se refiere a la escena de nuestras relaciones. Sólo podremos entablar relaciones sumamente gratificantes con los demás si nos consideramos dignos de tal contribución. Nuestros estados de ánimo y nuestras interpretaciones erróneas destruyen la probabilidad de mantener relaciones viables. Nos distancian de los demás, nos aíslan. Nos equivocamos al creer que los demás ven en nuestra persona los mismos defectos devastadores que vemos nosotros. Esperamos que nos rechacen por ser indignos de su amistad, amor y atención. Empezamos a enfadarnos, entristecernos o asustarnos con facilidad. Evitamos los nuevos retos que podrían sacar a la luz nuestros defectos. Nos aislamos y rehuimos las situaciones sociales en un intento por protegernos del dolor. Nuestros actos se adelantan al rechazo y lo provocan, como si se tratase de una profecía que por su propio carácter acaba cumpliéndose. Descartamos cualquiera de nuestros propios puntos de vista por considerarlos equivocados, sacrificándolos en favor de los puntos de vista ajenos que, precisamente por ser ajenos, deben a nuestros ojos ser más dignos de crédito que los nuestros. Vamos constantemente en contra de nuestros intereses y puntos de vista al dar automáticamente por sentado que son imperfectos o no tienen ningún valor. Cuando alguna persona parece interesada en nuestra amistad, no fijamos unos límites sanos –o eludimos la responsabilidad de hacer peticiones razonables– por temor a ser rechazados. También puede ocurrir casi lo contrario: que, al acercarse la otra persona, saquemos a la luz sus defectos y la rechacemos por ser indigna de nuestra amistad. Al fin y al cabo, ¿quién querría ser amigo de alguien tan despreciable como para querer ser amigo nuestro? Y luego citamos estas relaciones dañadas como pruebas de que hay algo terriblemente malo en nosotros y así nuestra autoestima mengua.

Otro coste de la baja autoestima es el deterioro de la salud física y mental. Toda enfermedad física y mental es la manifestación de un estado emocional. Tarde o temprano, la baja autoestima y la consiguiente falta de salud emocional se traducirán en un trastorno del cuerpo. Donde más evidente resulta esto es en las enfermedades cardíacas y el cáncer, pero es asimismo aplicable a otras dolencias. Negarnos amor a nosotros mismos nos envejece prematuramente. Nuestras células envejecen y mueren y nuestro organismo responde negativamente por la privación de alegría y felicidad. Adquirimos exceso de peso, desarrollamos úlceras y nos afligen achaques de todo tipo. O, en un intento por aplacar nuestro dolor, tratamos de escapar cayendo en el olvido de las drogas, el alcohol, al aislamiento u otras adicciones. Si deseas un análisis más a fondo de este concepto, te sugiero que leas *Usted puede sanar su vida,* de Louise L. Hay. La autora explica en él cómo la falta de amor hacia uno mismo está en la raíz de casi todos los problemas físicos.

Además de este aspecto de la manifestación de enfermedades, cuando no te quieres a ti mismo, tampoco te tratas con respeto. Vives de acuerdo con la suposición automática de que no mereces cuidados: comer bien, hacer ejercicio, obtener atención médica, velar por tu bienestar. La enfermedad es el resultado de lo que está ocurriendo a nivel celular, avivado por la privación de amor.

De la baja autoestima también se deriva una pérdida de felicidad, autoexpresión y vitalidad. Quienes carecen de confianza en sí mismos renuncian a su capacidad de mejorar mucho las vidas de los demás. Y estos costes se extienden a los miembros de la familia y afligen a los allegados de quienes no se estiman a sí mismos. Con la pérdida de la felicidad y la autoexpresión viene la del amor, la intimidad, la colaboración y la afinidad. Es difícil amar a alguien que no se ama a sí mismo. La intimidad es una función de la comunicación sana y sincera. Ese tipo de comunicación suele ser la primera víctima cuando la autoestima se resiente.

Probablemente el coste mayor de no asumir toda la responsabilidad de manejar bien nuestras interpretaciones sean las posibilidades desperdiciadas de vivir una vida rica y plena de propósito. Cuando nuestra autoestima sufre, perdemos el potencial de identificar y cumplir nuestro propósito en la vida. Para dejar de centrarnos exclusivamente en nuestras necesidades, defectos, retos y preocupaciones, antes debemos creer en nuestra capacidad de aportar algo a los demás. El aporte –no un sacrificio, sino el dar de buen grado un valor renovable– se deriva del compromiso de servir y del conocimiento de que tenemos para ofrecer algo que vale la pena. Cuando nos estimamos en poco, estafamos a los demás aparte de desvalorizarnos a nosotros mismos. Perdemos de vista nuestra magnificencia y olvidamos que todos tenemos cualidades, talentos y dones especiales que podrían beneficiar a otros. No asumir la responsabilidad de nuestra grandeza es una estafa al mundo, pues traicionamos nuestro potencial para impactar a los demás con los dones especiales que sólo nosotros podemos ofrecer. Una forma de abordar esta preocupación sobre nuestros temores es centrarse en hazañas que merezcan la pena y sean mucho más importantes que nuestras insignificantes inquietudes. Al comprometernos con algún proyecto noble y que valga la pena podremos desapegarnos, dejando de atender sólo a nuestras propias preocupaciones y problemas, y construir de paso la imagen de nosotros mismos.

A diferencia de aquellos que aspiran a cambiar sus actitudes destructivas persiguiendo principios de desarrollo personal como los presentados en este libro, para la inmensa mayoría de quienes tienen baja autoestima, la capacidad de dominar las herramientas que estamos debatiendo y tomar el control de su vida no es una opción consciente. En vez de aceptar el reto de reinterpretar los sucesos de la vida, la mayoría de la gente adopta diversas formas de protección para sobrevivir en lo que percibe como un mundo muy peligroso. Se resigna a hacer todo lo que puede, sabiendo que nunca será bastante. Echemos una ojeada a algunas de estas fórmulas de supervivencia.

Ejercicio: ¿Cuáles son los costes de no reivindicar tu autoestima? Considera las áreas de tu salud, tus relaciones, tu vitalidad, tu felicidad y tu capacidad de aportar algo a los demás.

Algunos se niegan a desarrollar su autoestima incluso después de darse cuenta de que tienen la capacidad necesaria para conseguirlo. Tener la autoestima baja hace de la persona una víctima. Las víctimas se compadecen de sí mismas en lugar de aceptar la responsabilidad de su excelencia y de hacer el trabajo de todu una vida.

DR. JOE RUBINO

11

Fórmulas de supervivencia

Al enfrentarse a la idea de que de algún modo valen menos que los demás, cuando no de que carecen por completo de valía, aquellos que carecen de autoestima se protegen lo mejor que saben. Lo consideran algo necesario en un mundo al que no pertenecen del todo y en el que no es probable que prosperen. En pro de la propia conservación, el mecanismo humano se adapta a las situaciones externas en un sinnúmero de maneras distintas. El objetivo es sobrevivir.

Algunos individuos se adaptan escondiéndose. Otros pasan a la ofensiva. Los hay que se hacen más listos y superan en astucia a la competencia. Muchos se vuelven pasivos y buscan despertar la compasión del prójimo. Todo el mundo tiene su propia y única fórmula de supervivencia, adoptada a una edad temprana para protegerse de la aparente amenaza que representaban los demás. Dado que esta conducta protectora aparentemente funcionó en algún momento dado y le mantuvo a salvo, la repitió, la enmendó o la perfeccionó al entrar en la edad adulta.

Algunas personas decidieron que la fuerza física era el mejor medio de protección, de modo que desarrollaron sus músculos y aprendieron las artes de los guerreros en un intento por ser más fuertes que sus enemigos. Otros consideraron la fuerza como un medio para ejercer el poder: se convirtieron en los matones, dictadores y tiranos del mundo. También los hay que decidieron dominar de una manera legal y aceptable y se hicieron policías, militares o miembros de otros cuerpos uniformados; posiblemente se sacaron un título a fin de adquirir el prestigio necesario para controlar a otros o evitar ser dominados. Otras personas decidieron que el secreto de la supervivencia era el dinero y las posesiones; elaboraron una estrategia para ser más ricas, y por consiguiente estar más seguras y ser más capaces de manipular a los demás. Por último, otros consideraron que la mejor forma de control era cultivar sus dotes; así que se formaron y adquirieron talentos especiales, con la esperanza de superar en astucia a sus adversarios o hacerlo mejor que ellos.

En último extremo, todas las estrategias de supervivencia se reducen a conseguir poder para borrar la sensación de ser poca cosa e impotente. Todas comparten la suposición de que el poder que tenemos en nuestro interior como personas no es suficiente para tener éxito o prosperar en el mundo. Necesitamos encontrar una manera mejor de competir y triunfar frente a los demás.

Los casos prácticos que encontrarás en el próximo capítulo pondrán en claro cómo responden las personas a los peligros de la vida y cómo se esfuerzan por mantenerse a salvo de dichos peligros. Todas las fórmulas de supervivencia se basan en lo que haces, no en lo que eres. Como la persona se *ve* a sí misma como alguien con tremendos defectos, se siente obligada a *hacer* algo externamente para remediar su nefasto carácter. Por su propia naturaleza, estas fórmulas son imperfectas y no tratan el origen de la falta de autoestima.

La felicidad y una sensación de sano amor propio deben residir dentro de nosotros. No son lugares a los que ir, sino un lugar del cual venir. Cuando vivimos con la confianza de saber quiénes somos y cuáles son nuestros dones, manifestamos nuestro propósito en la vida. Nuestras acciones serán entonces productivas y se caracterizarán por una elevada autoestima.

No confiar generalmente está relacionado con nosotros, no con la persona de la que desconfiamos. Aprende a confiar en los demás confiando primero en ti mismo. Con una autoestima elevada aumenta la confianza.

Todos los seres humanos mienten en ocasiones. Decide valientemente confiar y reconoce que todo el mundo comete errores.

DR. JOE RUBINO

12

Casos prácticos reales

1
Hechos:

Cuando tenía sólo siete años de edad, Laura fue al oculista en compañía de su madre. El oculista le pidió a la madre que aguardase en la sala de espera mientras examinaba a la niña. Cuando se quedaron a solas, el hombre abusó sexualmente de Laura y luego le hizo prometer que no se lo contaría a nadie, bajo la amenaza de hacerle daño a su familia.

Interpretación de Laura sobre sí misma: soy mala por haber tentado al doctor, que me felicitó por mi bonito vestido. Soy una niña mala y sucia.

Interpretación de Laura sobre la gente: la gente te hace daño y no puedes confiar en ella.

Estado de ánimo de Laura: furia, que da paso al miedo.

Fórmula de supervivencia de Laura: esconderse y engañar a fin de sobrevivir.

Laura aceptó toda la culpa de lo sucedido en la consulta del oculista. Decidió que era mala, que era culpa suya que el médico hiciese lo que hizo. Basándose en esta interpretación, Laura decidió que no se puede confiar en la gente y que tampoco podía confiar en sí misma; y que, para poder sobrevivir en un mundo donde los demás mienten, hacen daño y amenazan a las niñas pequeñas, tendría que ser más astuta que ellos y conseguir lo que pudiera antes de que la lastimasen. Así que Laura se puso a mentir y engañar a la mínima oportunidad, convirtiéndose así en una mentirosa habitual y en una hábil estafadora. Se mantenía en un segundo plano, evitaba los actos sociales y tenía pocos amigos. Su autoestima se resintió, y Laura se inventó que no formaba parte del grupo; así como que no se puede confiar en los hombres, quienes sólo están interesados en el sexo. Se casó y se divorció tres veces; cada vez confiaba menos en los varones y se veía más a sí misma como una fracasada con la que en realidad nadie quería estar.

2
Hechos:

Cuando John tenía tres años de edad, sus padres trajeron a casa un nuevo bebé –un hermanito– del hospital. Le dijeron que le querían, pero él no les creyó.

Interpretación de John sobre sí mismo: no soy lo bastante bueno, porque mamá y papá han necesitado otro bebé para reemplazarme.

Interpretación de John sobre la gente: la gente te miente y te roba.

Estado de ánimo de John: ira indignada (¡cómo te atreves!).

Fórmula de supervivencia de John: ser un adulador y hacer lo que haga falta para lograr caerle bien a la gente.

A los tres años de edad, John decidió que no era suficientemente bueno para sus padres, que no les bastaba con él. Eso explicaba por qué habían traído a su casa a un pequeño intruso, su hermano Jim. John decidió que, si quería quedarse allí, tenía que conseguir gustarles a sus padres (y más tarde a otras personas). ¡Su supervivencia dependía de ello!

Así que se convirtió en el preferido del profesor en el colegio y en el hijo obediente en su casa. Ya de adulto, se conformaba con trabajos mal pagados y jamás pedía un aumento de sueldo o tiempo libre. Se daba con un canto en los dientes por el mero hecho de tener trabajo. John pasaba por la vida conformándose con menos que los demás, ciñéndose al lema «No compliques las cosas».

3
Hechos:

El padre de Linda bebía casi a diario al llegar a casa después del trabajo. Más o menos una vez a la semana, se emborrachaba y se ponía violento; arrojaba y rompía cosas, y pegaba a Linda y a su hermano Michael. Cuando Linda tenía nueve años de edad, su padre la apartó de su camino de un empujón, ella se cayó por la escalera del sótano y se rompió un brazo.

Interpretación de Linda sobre sí misma: soy mala y desagradable. Papá no me quiere.

Interpretación de Linda sobre la gente: a nadie le importan los demás, la gente es egoísta.

Fórmula de supervivencia de Linda: no molestarse por nada. No sentir emociones. Preocuparse aún menos, si cabe, que los demás.

Linda sintió ira contra su padre por hacerle daño; pero enseguida se sintió culpable por odiarle, en cuanto se dio cuenta de que debería quererle. Con sólo nueve años de edad, Linda decidió que era demasiado doloroso querer a alguien, fuese quien fuese; la gente sólo te hace daño, así que es más seguro no implicarse. De manera que reprimió sus emociones y se negó a permitir que nadie se aproximara a ella. Al principio evitaba salir con chicos, y cuando empezó a hacerlo, no permitía que ninguna relación se formalizase. Su falta de buenos amigos y de relaciones íntimas reforzó su creencia en que no era digna de amor.

4
Hechos:

Cuando Bill tenía cinco años de edad, su padre murió en un accidente de tráfico y le dejó solo con su madre y su hermana mayor. Su madre le dijo, «Bill, ahora eres el hombre de la casa».

Interpretación de Bill sobre sí mismo: aunque sea débil, debo reunir fuerzas para proteger a mamá y a mi hermana.

Interpretación de Bill sobre la gente: la gente te abandona.

Fórmula de supervivencia de Bill: ser fuerte y duro.

Bill se hizo adulto a la edad de cinco años, a raíz de morir su padre. Decidió que el mundo es un lugar peligroso en el que cualquiera puede morir o resultar herido en todo momento, pero en especial sus seres queridos. Tomó la decisión de que sería un tipo duro, aun cuando se sentía débil y vulnerable. Aunque era inteligente, descuidó sus estudios para trabajar en dos empleos diferentes y entrenarse en el gimnasio en su tiempo libre. Se hizo agente de policía y disfrutaba llevando su arma a todas partes. Se dijo a sí mismo que, en cualquier caso, probablemente era demasiado estúpido para haber tenido éxito como estudiante.

5
Hechos:

Cuando tenía seis años de edad, Paul fue un día a jugar a casa de su vecino. Los primos de éste, que eran mayores y estaban en la casa, cogieron a Paul por banda, le pegaron y le insultaron. Paul se fue de allí llorando. La abuela de su vecino dijo: «Paul se estaba portando como un bebé».

Interpretación de Paul sobre sí mismo: soy un estúpido blandengue.

Interpretación de Paul sobre la gente: la gente es mala y cruel, está dispuesta a fastidiarte.

Fórmula de supervivencia de Paul: ser más listo que todos los demás.

Paul se echó la culpa de ser lo bastante estúpido como para visitar a su vecino mientras estaban allí sus primos mayores. Decidió que él solito se había buscado problemas. Cuando recibió la paliza a manos de esos chicos, llegó a la conclusión de que el mundo era un lugar peligroso y que, si iba a sobrevivir en él, no sería defendiéndose físicamente. Además, cuando el adulto presente en la escena –la abuela de su vecino– se negó a defenderle, decidió que nadie más iba a hacerlo; tendría que encontrar la manera de protegerse él solo. Tenía que ser más listo que sus adversarios. Mientras sus amigos jugaban al aire libre, Paul se pasaba el tiempo libre estudiando. Nunca le parecía haber adquirido suficientes conocimientos. Se convirtió en el perpetuo estudiante; siguió asistiendo a clases incluso después de haber obtenido su doctorado.

6
Hechos:

Mary quería una muñeca Cathy Parlanchina como regalo de Navidad; en lugar de eso, recibió un jersey y unos pantalones. Su madre le dijo que ya tenía suficientes muñecas y que no podían permitirse malgastar el dinero.

Interpretación de Mary sobre sí misma: no merezco que gasten dinero en mí.

Interpretación de Mary sobre la gente: la gente no te escucha, no le importas.

Interpretación de Mary sobre el mundo: hay escasez de recursos, no hay bastante para todos, el dinero no alcanza.

Fórmula de supervivencia de Mary: ahorrar dinero. No preocuparte de nada más.

Probablemente Mary tenía una docena de muñecas; pero la que realmente deseaba era ésa en especial. Cuando su madre le regaló ropa en cambio, Mary pensó que si ella fuera lo bastante buena y su madre la quisiera de verdad, le habría comprado la muñeca. Razonó que su madre sabía muy bien cuánto la deseaba; pero que, como no debía de merecer que se gastaran dinero en ella, ni le importó ni la escuchó. Mary decidió que, como no hay bastante para todos, sólo a aquellos que lo merezcan les alcanzará el dinero. Tomó la decisión de hacer horas extras en el trabajo y no gastar su dinero frívolamente; se sacrificaría y ahorraría para cuando llegasen tiempos peores y lo necesitara. Cada vez que se le ocurría darse un capricho agradable, como ir a cenar a un restaurante de lujo, cambiaba de idea. A fin de cuentas, no quería tirar el dinero gastándolo en sí misma; además, no le importaba.

7
Hechos:

Cuando tenía un año y medio de edad, Tom tuvo que ingresar en el hospital para que le operasen de una hernia. Las enfermeras le dijeron a la madre de Tom que se marchara mientras él se quedaba suspendido en un arnés sobre su cama. Tom recuerda que gritó y suplicó para que su madre no se fuera; pero ella se marchó de todos modos.

Interpretación de Tom sobre sí mismo: soy insignificante y no me escuchan.

Interpretación de Tom sobre la gente: la gente no escucha. La gente te deja solo, te abandona.

Fórmula de supervivencia de Tom: guardar silencio; de todos modos no le van a escuchar a uno…

Con sólo año y medio de edad, Tom dejó de comunicarse. Había hecho todo lo posible para que le escuchasen en una situación angustiosa, pero a pesar de sus gritos y súplicas, su madre aparentemente no le oyó y se marchó. Tom se convirtió en el chico más callado de su clase. Rara vez pedía cosas, como hace la mayoría de los niños. Había decidido que daba igual, porque de todos modos no le iban a escuchar. Cuando Tom no recibía las cosas que deseaba (nadie sabía qué es lo que quería, pues nunca pedía nada), creía que era porque nadie le quería y nadie le escuchaba. Pero incluso entonces, Tom guardaba silencio pensando que, si hablaba y pedía cosas, la gente se enfadaría con él, se iría y le dejaría solo.

8
Hechos:

A los siete años, Bobby se puso un día a jugar con cerillas en su dormitorio y le prendió fuego sin querer a un coche de juguete. Las llamas se propagaron de inmediato a las cortinas; a Bobby le entró el pánico y trató en vano de apagarlas. Cuando corrió a avisar a sus padres, el fuego se había extendido por la casa; ésta quedó completamente destruida. Un amigo de Bobby le dijo que su padre le había llamado mocoso malcriado y malo. Bobby se fue a vivir a casa de su abuela durante tres años después de eso.

Interpretación de Bobby sobre sí mismo: soy malo y merezco que me pasen cosas malas, que me castiguen.

Interpretación de Bobby sobre la gente: la gente sufre debido a las personas malas como él.

Fórmula de supervivencia de Bobby: ser bueno.

Mientras contemplaba el incendio, Bobby decidió que se merecía todas las cosas malas que pudiesen ocurrirle durante el resto de su vida. Cuando sus padres le enviaron a vivir con su abuela, razonó que se debía a que era malo y que por tanto le habían dejado de querer. Bobby no comprendió que la casa de sus padres estaba asegurada por debajo del valor real y que necesitaron tres años enteros para poder proporcionarle de nuevo un hogar adecuado. A los dieciocho años de edad, Bobby ingresó en el seminario y después se hizo sacerdote; se pasó el resto de su vida intentando prestar servicio a la sociedad al trabajar entre los pobres. Sin embargo, por mucho que se esforzase en enmendar las cosas, nunca pudo librarse de la culpa originada por el error que cometió cuando tenía siete años.

9
Hechos:

Cuando estaba en primero de primaria, un día Jane sintió ganas de ir al cuarto de baño pero no se atrevió a pedirle permiso a la profesora. El resultado fue que se orinó encima. Sus compañeros de clase se rieron de ella cuando vieron formarse el charco en el suelo debajo de ella. La profesora la castigó a quedarse de pie en un rincón por no haber dicho que necesitaba ir al baño.

Interpretación de Jane sobre sí misma: soy una estúpida.

Interpretación de Jane sobre la gente: la gente es mala.

Fórmula de supervivencia de Jane: no ir a por todas, no arriesgarse. Tratar de ser invisible.

Jane sufrió dos humillaciones aquel día: la primera cuando se orinó encima y la segunda cuando la castigaron en el rincón para avergonzarla. Decidió que, si hubiera sido lista, habría pedido permiso para ir al cuarto de baño. Razonó que la humillación se debía a que era estúpida y todo el mundo lo sabía, así como que la gente se burla de los estúpidos. Su conclusión fue: lo mejor que pueden hacer las personas estúpidas como yo es tratar de pasar por la vida sin hacer el ridículo.

10
Hechos:

A los siete años de edad, Tommy se encontró un día con dos chocolatinas que había conseguido la noche de Halloween con el trato o truco. Una de las chocolatinas era sólo chocolate, la otra llevaba cacahuetes. Como a Tommy no le gustaban los cacahuetes, le dio esa chocolatina a su hermano Nick, que tenía tres años. Pero un cacahuete se alojó en la tráquea del pequeño, que empezó a ponerse amoratado. Tommy corrió gritando para avisar a su madre, quien fue capaz de sacarle el cacahuete a Nick; pero inmediatamente después regañó a Tommy por ser tan estúpido como para darle a un niño de tres años una barra de chocolate con cacahuetes.

Interpretación de Tommy sobre sí mismo: soy egoísta y estúpido. Soy malo y le hago daño a la gente.

Interpretación de Tommy sobre la gente: la gente es frágil, se lastima con facilidad.

Fórmula de supervivencia de Tommy: evitar todo lo que sea arriesgado. Ser precavido.

El día que su hermano Nick casi se asfixia, el espíritu de Tommy murió. No pudo perdonarse a sí mismo el ser tan egoísta. Debería haberse comido la chocolatina con cacahuetes y haberle dado la otra a su hermano. ¿Cómo podía haber sido tan estúpido y egoísta? A partir de ese día, Tommy dejó de comunicarse. Rara vez hablaba en grupos o con desconocidos. Se guardaba su opinión y casi nunca aportaba nada a los demás por miedo a hacerles daño. Se convirtió en un introvertido en la universidad y evitaba las actividades sociales. Allá donde iba, Tom era conocido como ese tipo tan majo a quien nadie ha oído nunca pronunciar una palabra.

11
Hechos:

Cuando tenía seis años, Mohammad abandonó Paquistán con sus padres para emigrar a la ciudad de Nueva York. Cuando volvía a casa andando después de su primer día de colegio, tres niños de diez años de edad le llamaron «asesino musulmán» y le pegaron varios puñetazos en el estómago. Mohammad corrió a su casa llorando. Su hermano mayor, de quince años de edad, le dijo: «Así son los estadounidenses. No es de extrañar que les atacáramos el 11 de septiembre».

Interpretación de Mohammad sobre sí mismo: soy diferente, no pertenezco al grupo y me odian.

Interpretación de Mohammad sobre la gente: la gente es odiosa, cruel e injusta. Te harán daño si no se lo haces tú a ellos antes.

Fórmula de supervivencia de Mohammad: ir contra los demás antes de que ellos vayan a por ti.

El estado de ánimo de Mohammad –la ira– se manifestó por primera vez el día que le golpearon. Decidió que los estadounidenses eran todos unos animales detestables y juró que algún día se lo haría pagar. A medida que se hacía mayor, otros incidentes de odio racial reforzaron aún más la convicción de Mohammad de que los estadounidenses eran personas malas y aborrecibles. Mohammad decidió que se vengaría de todos los estadounidenses convirtiéndose en un terrorista suicida. «Veamos qué tal les sienta cuando se lo haga pagar caro», pensó.

12
Hechos:

Cuando Bret tenía siete años, su padre murió en Nueva York en el atentado contra las Torres Gemelas del World Trade Center. Durante los seis meses siguientes, la madre de Bret lloró hasta quedarse dormida casi a diario.

Interpretación de Bret sobre sí mismo: soy débil y estoy indefenso.

Interpretación de Bret sobre la gente: los extranjeros son malos y matan a buenas personas.

Fórmula de supervivencia de Bret: odiar y temer a cualquiera que sea diferente de ti.

Bret decidió que las personas diferentes de él eran malas y que no se podía fiar de ellas. Se puso a buscar oportunidades para odiar a quienes veía diferentes, sobre todo por el color de la piel y la formación religiosa. Bret se convirtió en un fanático intolerante a los siete años de edad. Más tarde se unió a una banda de defensores de la supremacía de la raza blanca e intervino en brutales ataques a personas de color.

13
Hechos:

Cuando Kathy tenía tres años de edad, sus padres se divorciaron. Kathy se fue a vivir a un apartamento con su madre.

Interpretación de Kathy sobre sí misma: soy mala y desagradable, por eso se ha ido papá.

Interpretación de Kathy sobre la gente: la gente te abandona porque no te quiere. Su padre se fue porque no la quería.

Fórmula de supervivencia de Kathy: abandonar a los demás antes de que ellos te abandonen a ti.

A la edad de tres años, Kathy decidió que la gente deseaba abandonarla porque no era lo bastante buena y no se merecía que la amaran. Kathy ha tenido montones de relaciones fracasadas y ha pasado por cuatro divorcios. Al primer indicio de problemas, hace una de dos cosas: o le amarga la vida a su pareja hasta el punto de lograr que la deje, o ella misma corta la relación. El resultado es idéntico en ambos casos; se demuestra a sí misma que las personas la dejan porque no es digna de ser amada.

14
Hechos:

Anthony prefería jugar con sus amigos antes que hacer su parte de las tareas domésticas. En varias ocasiones –la primera vez cuando él tenía siete años de edad– su madre se enfadó con él y le llamó gordo y holgazán.

Interpretación de Anthony sobre sí mismo: estoy gordo y, por tanto, debo de ser feo también. Soy un vago y, por tanto, debo de ser también un perfecto inútil.

Interpretación de Anthony sobre la gente: no le caigo bien a la gente, me excluye del grupo.

Fórmula de supervivencia de Anthony: esconderse. No dejar que la gente conozca las debilidades de uno.

Anthony era un niño normal de siete años que amaba la vida y quería estar todo el día jugando. Pero su madre se sentía frustrada con frecuencia y descargaba la ira con él. Cuando creció, Anthony raras veces salía con chicas. Estaba convencido de que ninguna querría salir con un imbécil que además era inútil, gordo y feo como él. Hizo vida de recluso, escondiéndose en su apartamento y aventurándose en el mundo exterior sólo cuando era absolutamente necesario. Con frecuencia oía hablar a la gente de él a sus espaldas, y estaba seguro de que era por ser un fracasado.

Perdonar significa renunciar a tu derecho a juzgar. Perdonarte a ti mismo requiere el coraje de dejar de pensar que mereces ser castigado. Hacerlo así hace crecer la autoestima.

DR. JOE RUBINO

13

Reinterpreta tu pasado

Exploremos ahora el primer incidente que puedas recordar que afectó a tu visión de ti mismo, de los demás y del mundo. Tómate unos momentos, cierra los ojos, relájate y reflexiona sobre tu temprana infancia. Retrocede en el tiempo tanto como puedas. Piensa en los primeros tiempos con tu familia. Busca en tu memoria cualquier incidente que te causara una gran impresión. Trata de recordar el suceso con claridad. ¿Quién estaba presente? ¿Quién dijo qué? ¿Qué dijiste o hiciste tú? No te preocupes si te resulta difícil recordar el primer incidente de todos; simplemente procura acordarte del disgusto más antiguo guardado en tu memoria. Ahora cierra los ojos y reflexiona.

¿Te acuerdas de algún incidente significativo? Si no es así, no te preocupes. Simplemente retrocede en el tiempo hasta el disgusto más antiguo que recuerdes. No es imprescindible recordar el primer disgusto de todos los que influyeron en la imagen de ti mismo. Todos hemos experimentado disgustos posteriores que han servido para reforzar lo que nos inventamos en un principio sobre nosotros mismos; basta con escoger cualquiera de ellos. Así pues, cierra los ojos y evoca el episodio más antiguo que recuerdes.

A menos que este ejercicio sea demasiado perturbador para ti, por favor, no sigas leyendo hasta que hayas tratado de acordarte de una ocasión en la que te enfadaste, te pusiste triste o te asustaste, a raíz de lo cual te inventaste algo sobre tu valía como persona.

Una vez que lo hayas hecho, que hayas contemplado tu pasado, por favor responde a las siguientes preguntas con todo el detalle posible.

1. Describe el incidente. ¿Qué sucedió?

2. Separa los hechos de lo que sentiste y describe solamente los hechos.

3. ¿Cuál era –y es– el estado de ánimo que predomina en ti? (Será alguna variedad de la ira, la tristeza o el miedo).

4. ¿Qué es lo que te inventaste sobre ti mismo?

5. ¿Qué es lo que te inventaste sobre otras personas?

6. ¿Qué fórmula de supervivencia has adoptado para protegerte del daño?

7. ¿Qué interpretaciones negativas han perjudicado tu autoestima?

Y lo más importante de todo…

8. ¿Qué nuevas interpretaciones de lo ocurrido puedes crear que te confieran poder?

Estas nuevas interpretaciones a las que me refiero no están asociadas a ningún estado de ánimo. No hacen que te enfades, te entristezcas ni te asustes. Muestran compasión y empatía hacia ti mismo y los demás. Te permiten volver a encuadrar el incidente de una forma que os conceda a ti y a los demás el beneficio de la duda. Tu nueva interpretación no es para echar la culpa de lo que pasó ni a ti ni a nadie más. Esto puede requerir que adoptes la perspectiva de que todos los implicados, incluido tú, lo hicisteis lo mejor que sabíais a pesar de vuestros defectos. De ningún modo estamos justificando ningún tipo de comportamiento hiriente, abusivo o criminal.

Al mismo tiempo, tu capacidad de perdonar a los participantes por sus errores y arrojar una nueva y empática luz sobre lo ocurrido te será útil para recuperar tu autoestima.

9. En lugar de inventarte algo negativo sobre ti mismo con respecto a este incidente, date las gracias por algún logro derivado de él (no importa lo pequeño o insignificante que pueda parecerte).

10. Repite el ejercicio con relación a cualquier otro incidente traumático que recuerdes. Fíjate en las similitudes en lo que interpretaste negativamente sobre ti mismo o los demás. Reinterpreta cada incidente de modo que mejore tu autoestima. Habrás tenido éxito en la tarea de volver a encuadrar cada incidente cuando puedas reflexionar sobre lo que sucedió sin sentir ira, tristeza o temor y emerjas del recuerdo con un amor propio recién descubierto.

Ahora reinterpretemos de esta manera cada uno de los casos de estudio de los que hablamos en el capítulo anterior.

1
Hechos:

Cuando Laura tenía siete años de edad fue al oculista con su madre, quien pidió a ésta que aguardara en la sala de espera. Cuando se quedó a solas con Laura, abusó sexualmente de ella.

Nueva interpretación de Laura sobre sí misma: yo era sólo una niña pequeña e inocente que tropezó con un hombre enfermo con un problema.

Nueva interpretación de Laura sobre la gente: la gente comete errores. Esos errores no tienen nada que ver con nuestro amor propio.

2
Hechos:

Cuando John tenía tres años de edad, sus padres trajeron a casa a su nuevo hermanito.

Nueva interpretación de John sobre sí mismo: papá y mamá me querían tanto que tuvieron otro hijo para que fuera mi mejor amigo y compañero.

Nueva interpretación de John sobre la gente: la gente tiene buen corazón y a menudo hace cosas para ayudar a otros.

3
Hechos:

El padre de Linda bebía casi a diario y se emborrachaba y se ponía violento más o menos una vez a la semana. Cuando Linda tenía nueve años, su padre la empujó al pasar, ella se cayó por la escalera del sótano y se rompió el brazo.

Nueva interpretación de Linda sobre sí misma: era y soy adorable.

Nueva interpretación de Linda sobre la gente: papá tenía un problema con la bebida. Era un hombre enfermo y necesitaba ayuda para controlar su enfermedad. Papá no pretendía hacerme daño, y menos que me cayese por la escalera y me rompiera el brazo.

4
Hechos:

Cuando Bill tenía cinco años, su padre murió en un accidente de coche. Su madre le dijo: «Bill, ahora eres el hombre de la casa».

Nueva interpretación de Bill sobre sí mismo: papá me quería muchísimo.

Nueva interpretación de Bill sobre la gente: a veces ocurren accidentes.

5
Hechos:

A los seis años de edad, un día Paul fue a jugar a casa de su vecino. Los primos mayores de éste, que estaban allí, pegaron e insultaron a Paul. Cuando se marchaba a su casa llorando, la abuela de su vecino le llamó «bebé».

Nueva interpretación de Paul sobre sí mismo: yo era un niño pequeño perfectamente normal del que abusaron unos niños mucho mayores en tamaño y en edad.

Nueva interpretación de Paul sobre la gente: la gente tiene sus propias inseguridades y a veces le hace cosas malas a otros para así sentirse menos insegura. Con eso también se hace daño a sí misma, pero no sabe hacerlo mejor. La abuela de mi vecino no era consciente de que yo estaba realmente dolido.

6
Hechos:

Mary quería una muñeca Cathy Parlanchina como regalo de Navidad, pero en cambio recibió ropa. Su madre le dijo que ya tenía bastantes muñecas y que no podían permitirse malgastar el dinero.

Nueva interpretación de Mary sobre sí misma: mamá me quería mucho, y deseaba lo mejor para mí. Regalarme ropa era su manera de demostrarme su amor, del mejor modo que conocía.

Nueva interpretación de Mary sobre la gente: la gente actúa con buena intención sobre la base de cómo ve el mundo.

Nueva interpretación de Mary sobre el mundo: hay abundancia en el mundo. Aquellos que son creativos pueden proporcionarles a sus seres queridos tanto artículos necesarios (ropa) como caprichos (juguetes).

7
Hechos:

Cuando tenía un año y medio, Tom ingresó en el hospital para ser operado de una hernia. Su madre se marchó de allí por orden de las enfermeras, a pesar de que Tom recuerda haberle gritado y suplicado que no se fuera.

Nueva interpretación de Tom sobre sí mismo: soy valioso y mamá tenía que quererme mucho para cuidarme tan bien como me cuidaba.

Nueva interpretación de Tom sobre la gente: mamá me quería y se ocupaba mucho de mí. La gente también me quiere y desea lo mejor para mí.

8
Hechos:

A los siete años, Bobby estaba jugando un día con cerillas en su dormitorio cuando le prendió fuego sin querer a un coche de juguete; las llamas de inmediato se propagaron a las cortinas. A Bobby le entró el pánico; para cuando se fue corriendo a avisar a sus padres, la casa entera estaba en serio peligro. De hecho, quedó arrasada por el fuego. Un amigo suyo le dijo a Bobby que había oído como el padre de Bobby decía que era un mocoso malcriado y malo. Bobby su fue a vivir con su abuela durante tres años después de eso.

Nueva interpretación de Bobby sobre sí mismo: yo era un niño lleno de curiosidad y amante de las diversiones que cometió un grave error sin proponérmelo.

Nueva interpretación de Bobby sobre la gente: la gente tiene capacidad de recuperación y no se le hace daño fácilmente.

9
Hechos:

En primer curso de enseñanza primaria, Jane tuvo miedo de pedir permiso para ir al cuarto de baño y se hizo pis en el aula. Sus compañeros de clase se rieron de ella y la profesora la castigó a quedarse de pie en un rincón.

Nueva interpretación de Jane sobre sí misma: yo era una niña pequeña y lista que tuvo un percance, como les ocurre a menudo a los críos. Nada serio.

Nueva interpretación de Jane sobre la gente: su profesora lo hacía lo mejor que podía para enseñarle las técnicas que le resultarían valiosas más adelante en la vida, y entre estas cosas estaba hacerle ver la importancia de hacer peticiones. La gente lo hace lo mejor que sabe sobre la base de cómo percibe el mundo.

10
Hechos:

A la edad de siete años, un día Tommy tenía dos chocolatinas que había conseguido por Halloween, una con cacahuetes y la otra sin ellos. Como a Tommy no le gustaban los cacahuetes, le dio esa chocolatina a su hermano Nick, de tres años de edad. A Nick se le atragantó un cacahuete. La madre de ambos consiguió sacárselo a tiempo, pero regañó a Tommy por ser tan estúpido como para darle a un niño de tres años una barra de chocolate con frutos secos.

Nueva interpretación de Tommy sobre sí mismo: yo era generoso, porque compartí las chocolatinas con mi hermano pequeño.

Nueva interpretación de Tommy sobre la gente: la gente es fuerte y se recupera rápidamente. Mi hermano sobrevivió y le fue bien.

11
Hechos:

Cuando tenía seis años, Mohammad se marchó de Paquistán con sus padres para irse a vivir a Nueva York. Cuando volvía andando a su casa desde el colegio, unos chicos le pegaron y se burlaron de él. Su hermano mayor dijo: «Así son los estadounidenses. No es de extrañar que les atacáramos».

Nueva interpretación de Mohammad sobre sí mismo: era —y soy— una gran persona. Lo que aquellos chicos me hicieron no tenía nada que ver conmigo; el problema era suyo.

Nueva interpretación de Mohammad sobre la gente: los estadounidenses, al igual que los habitantes de todos los demás países, son humanos y lo hacen lo mejor que saben de acuerdo con su forma de percibir el mundo. A veces las personas están asustadas y hacen tonterías debido a su miedo.

12
Hechos:

Cuando Bret tenía siete años, su padre murió en el atentado contra las Torres Gemelas de Nueva York.

Nueva interpretación de Bret sobre sí mismo: era –y soy– una gran persona. La muerte de papá no tuvo nada que ver conmigo.

Nueva interpretación de Bret sobre la gente: la gente es buena. Lo que ocurre es que a veces está asustada y hace tonterías debido a su miedo.

13
Hechos:

Cuando Kathy tenía tres años de edad, sus padres se divorciaron. Kathy se fue a vivir a un apartamento con su madre.

Nueva interpretación de Kathy sobre sí misma: yo era una niñita dulce y adorable.

Nueva interpretación de Kathy sobre la gente: el hecho de que papá se marchase no tuvo absolutamente nada que ver conmigo. Seguía queriéndome mucho. La gente me quiere y yo soy digna de amor.

14
Hechos:

Anthony prefería jugar con sus amigos antes que hacer su parte de las tareas domésticas. Su madre se enfadaba y le llamaba gordo y holgazán.

Nueva interpretación de Anthony sobre sí mismo: yo era un chiquillo amante de las diversiones que naturalmente prefería jugar a trabajar, como le ocurre a la mayoría de los niños. Y me gustaba comer. No había nada de malo en eso. Tengo la capacidad de perder peso en cuanto esté listo para comprometerme a seguir un programa de adelgazamiento.

Nueva interpretación de Anthony sobre la gente: la gente me acepta y le caigo bien siempre que creo que es así y actúo con arreglo a esa creencia.

Nuestro éxito al manejar las interpretaciones nunca es del todo permanente. Siempre tendremos un disgusto potencial aguardándonos para poner a prueba nuestra determinación.

DR. JOE RUBINO

14

Maneja tus interpretaciones momento a momento

Ya has trabajado para identificar el posible origen de tus primeras interpretaciones incorrectas y has visto cómo contribuyeron a erosionar tu autoestima. Ahora es el momento de hacer hincapié en que estas interpretaciones erróneas no se limitan a un solo episodio traumático temprano; ni siquiera a unos cuantos. Las historias de todos nosotros se caracterizan por innumerables situaciones en las que hemos atribuido un sentido negativo a un suceso, lo que hizo que nos enfadáramos, nos pusiéramos tristes o sintiéramos miedo. Mientras nos sumíamos en ese estado de ánimo, adoptamos una interpretación negativa sobre nosotros mismos y sobre las otras personas que intervinieron en la escena. Esta interpretación nos daba la razón a nosotros quitándosela a otras personas. Nos permitió justificar nuestra conducta y dominar a otros o evitar ser dominados. Se trataba de nuestro mecanismo humano de propia conservación, que estaba en funcionamiento para mantenernos a salvo del daño actual y protegernos de otros posibles daños en el futuro.

Todas nuestras experiencias pasadas se combinan para influir en el modo en que percibiremos nuestra próxima situación estresante. Los significados negativos que atribuimos a un suceso que nos disgusta sirven para filtrar la manera en que percibimos todos los sucesos posteriores. Cuanto más vemos las cosas de una cierta forma, más probable es que veamos los acontecimientos futuros de esa misma forma. Cuando miramos el mundo a través de nuestras lentes de filtrado, dichos filtros influyen cada vez más en lo que vemos. Cuanto más esperamos ver como la vida se presenta de una cierta manera, más nos parece que es así. Las imágenes que percibimos se alinean cada vez más con el filtro que utilizamos. Si creemos que el mundo es un lugar malo, veremos el mal dondequiera que vayamos; si creemos que es un lugar bueno, ésa será nuestra experiencia. Cuanto más enérgicamente hagamos hincapié en nuestras percepciones de estos incidentes, más se harán eco los acontecimientos futuros de nuestros anteriores resultados y encajarán con esta imagen que esperamos. A través de nuestras sesgadas interpretaciones, nos aseguramos de acabar consiguiendo lo que esperábamos.

Sin embargo, se nos presentan incontables oportunidades cada día de escapar de este círculo vicioso mediante el simple hecho de dar una interpretación diferente, libre de emociones, a lo que significan las situaciones actuales y futuras. Cuando asumimos la responsabilidad de reinterpretar los hechos para realizar un análisis de lo ocurrido que nos confiera poder, somos capaces de cambiar el curso de nuestra vida. Al generar implicaciones que conceden a la otra persona el beneficio de la duda y nos mantienen en relación con ella, estrechamos nuestros vínculos. Nos comprometemos a vivir momento a momento desde una perspectiva libre de prejuicios. Cuanto más lo hacemos, más elevadas se vuelven nuestras opiniones de los demás y de nosotros mismos, alimentando nuestra creciente autoestima.

Por favor, no olvides que esto no significa que justifiquemos comportamientos abusivos o inapropiados. Simplemente quiere decir que reconocemos que todo el mundo lo hace lo mejor que puede, teniendo en cuenta su limitada perspectiva del mundo.

A cada oportunidad que se presenta de escoger explicaciones positivas de los hechos, se nos brinda otra posibilidad de cultivar nuestras relaciones y mejorar la imagen de nosotros mismos. Hacerlo requiere el coraje y el compromiso de dar más valor a hacer que funcionen las relaciones y la vida en general que a satisfacer la sed adictiva de nuestro estado de ánimo dominante. Debemos renunciar a nuestra necesidad de autocastigarnos por ser indignos para poder ver como nuestra valía personal aumenta espectacularmente.

Tenemos que reinterpretar atentamente esas ocurrencias diarias en las que acostumbrábamos por rutina a juzgarnos a nosotros mismos con dureza. Necesitaremos separar rigurosamente los hechos de nuestras sesgadas interpretaciones sobre los demás y sus intenciones. Necesitaremos ejercer el mismo rigor para poner fin al ciclo de juzgarnos a nosotros mismos con severidad. Para hacerlo hay que reconocer las falsedades que inventamos para castigarnos por ser indignos y desagradables. En un capítulo posterior hablaremos de cómo crear una estructura diaria para apoyar estos objetivos.

La autoestima comienza por ver las cosas con claridad. Uno crea autoestima interpretando las cosas de modo que reflejen una verdad que confiera poder.

DR. JOE RUBINO

15

Completa tu pasado

Ahora que has practicado reinterpretando tu pasado con una nueva perspectiva empática, es el momento de tratar y superar cualquier otro asunto adicional que siga sin resolver y esté mermando tu energía y minando tu autoestima. Nuestras vidas están gobernadas por las cosas inacabadas, que nos impiden estar plenamente presentes. Cuando estamos excesivamente preocupados por nuestros errores pasados, intercambiamos nuestra felicidad, nuestra autoestima y nuestro poder por esa obsesión. El 80 por 100 del proceso de reivindicar la autoestima consiste en dejar atrás el pasado para que deje de absorber nuestra energía o nuestra atención, y el 20 por 100 restante conlleva… ¡diseñar tu futuro! Si las interpretaciones contraproducentes de los acontecimientos pasados absorben toda tu atención y hacen que te sientas mal contigo mismo, magnificarás y propagarás esa abrumadora energía negativa un sinfín de veces.

De igual modo que has practicado la reivindicación de tu autoestima reinterpretando tus contratiempos de la infancia, tendrás que seguir el mismo proceso de separar los hechos de tus interpretaciones diariamente cada vez que te encuentres con un nuevo disgusto potencial. Al escoger atribuir a cada suceso significados que te confieran poder, cultivarás tus relaciones y mejorarás la imagen de ti mismo. Mientras te ocupas de tus asuntos cada día, adquiere práctica en *reconocer* la oportunidad de manejar tus contratiempos, *liberar* las emociones de la ira, la tristeza o el miedo en cuanto aparezcan y *reinterpretar* lo que ocurrió para *recrear* tu futuro y *reivindicar* tu amor propio.

Es imposible vivir plenamente en el presente, dando la bienvenida a cada nueva experiencia momento a momento, si el equipaje de perspectivas y asuntos no resueltos entorpece nuestros pensamientos. Cada día nos ofrece una nueva oportunidad para resolver asuntos pendientes y comunicarnos de manera responsable, lo que nos reporta orgullo y paz.

La conclusión de los asuntos pendientes significa que no hay nada más que nos sintamos obligados a decir o hacer con respecto a personas o situaciones de nuestro pasado. Hay muchos medios para cumplir este objetivo. Para hacerlo, con frecuencia no hace falta nada más que darse cuenta de cómo nuestras interpretaciones erróneas de una situación pasada no fomentan nuestra felicidad y excelencia. Cuando reinterpretamos los acontecimientos pasados, ¡podemos cambiar realmente la historia! Los millones de recuerdos que tenemos sobre lo que ocurrió en el pasado se encadenan para formar la historia de nuestra vida. La mayor parte de estos recuerdos están cargados de los sentidos distorsionados que atribuimos a lo que sucedió. Al modificar nuestras interpretaciones, nuestra historia puede cambiar también. Incidentes que tal vez nos fastidiaron durante años pueden desaparecer de un plumazo como si nunca hubieran ocurrido, una vez que los despojamos de su carga emocional. El desactivar estos dolorosos recuerdos nos permite reclamar la autoestima sacrificada por un análisis incorrecto.

En algunos casos, necesitaremos tener una conversación con personas que intervinieron en nuestro pasado. Los malentendidos se pueden resolver diciendo lo que te ha parecido verdadero sin echar la culpa a la otra persona o quitarle la razón. Esto puede obrar maravillas a la hora de dejar atrás el pasado y sanar viejas heridas. Puede que lo único que tengamos que decir sea que sentimos lo que pasó. Otras situaciones, en cambio, requerirán que perdonemos a la otra persona y le digamos que la amamos.

Muchas veces, sin embargo, la conclusión de las cuestiones pendientes se puede alcanzar sin necesidad de restablecer la comunicación. Puede haber situaciones en las que revivir una relación sea poco aconsejable. Puede que sea improcedente o imprudente ponerse en contacto con un antiguo cónyuge, o con alguien que tiene a sus espaldas un historial de violencia. O tal vez deseemos cerrar algún asunto no resuelto en el que intervino un progenitor u otro miembro de la familia que haya fallecido. Una forma de hacerlo es escribirle una carta (no hace falta que la eches al correo, claro). En ella, di todo lo que necesites decir a fin de cerrar el asunto, sin ocultar nada. Puede que empieces la carta de una de estas tres formas:

- Estoy enfadado porque…
- Estoy triste porque…
- Me arrepiento de…

Comparte tus nuevas percepciones. Dilo absolutamente todo, hasta que no se te ocurra nada más que decir. Cuando notes la liberación de energía que acompaña a la conclusión, mira a ver si puedes decirles con sinceridad a esas personas que las amas, que las perdonas o ambas cosas. **Esto no quiere decir que justifiques sus acciones.** Sabrás que has cerrado un asunto pendiente del pasado cuando se haya desvanecido toda necesidad de cambiarlo, solucionarlo o preocuparte por él.

Ejercicio: Haz una lista con los nombres de todas aquellas personas con las que tienes cuestiones pendientes que quieres concluir. Comprométete a hacer todo lo que sea apropiado para cerrar el asunto en el plazo de los próximos treinta días.

El perdón prepara el terreno para que la autoestima florezca.

DR. JOE RUBINO

16

El poder de la indulgencia

No hay un modo más eficaz que el perdón para sanar tu pasado y conseguir que tus relaciones prosperen. Es de vital importancia que comiences este proceso de sanación perdonándote a ti mismo. Todos somos humanos y cometemos errores. La tragedia no es cometer el error, sino no haber aprendido de él. Y nunca es demasiado tarde para hacerlo.

Parte de la dificultad estriba en cómo comprendemos los errores y los problemas. En nuestra cultura, hemos decidido que los problemas son malos y que no deberíamos cometer errores. Con este paradigma tan restrictivo nos queda muy poco margen para arriesgarnos, aprovechar las oportunidades y perseguir enérgicamente nuestros sueños, además de honrar nuestros valores. La preocupación por evitar los errores a toda costa ha hecho que nos resignemos sin necesidad a vivir una vida que dista mucho de ser ideal. Si no puedes permitirte cometer ni un error, no tendrás ninguna libertad para crecer, aventurarte a salir del terreno conocido y alcanzar la grandeza. ¿Qué ocurriría si adoptaras la perspectiva de que todo bicho viviente comete errores y que el mayor error de todos es dejar que los errores echen por tierra tu moral y te despojen del fervor necesario para acceder a lo mejor que la vida tiene para ofrecer? Si consideramos los errores como un componente esencial de nuestra evolución, comprenderemos que realmente nos ayudan a ver las cosas de forma diferente. Mientras continuemos aprendiendo de ellos, nuestra conciencia aumentará y será menos probable que repitamos estos mismos errores.

Desde este punto de vista, las personas poderosas se centran no en evitar los problemas y errores, sino en vivir sus compromisos. Aceptan sus errores, aprenden de cada uno de ellos y esperan con impaciencia las nuevas percepciones y los dones que están seguras de obtener a partir de la experiencia de los futuros errores que cometerán. Cambiando la manera de relacionarnos con nuestros errores y superando el miedo que nos hace evitar los problemas, podremos avanzar en la vida de una manera poderosa. Lo suyo es esperar cometer más errores, encontrar muchos más problemas y madurar a partir de cada experiencia enriquecedora. Así pues, date las gracias a ti mismo por haber aprendido algunas lecciones extremadamente valiosas de tus errores.

Todos lo hacemos lo mejor que sabemos no sólo para sobrevivir, sino también para desenvolvernos realmente bien en nuestra vida diaria. Por instinto buscamos el placer y evitamos el dolor. Teniendo en cuenta la limitada perspectiva que tenemos como las criaturas imperfectas que somos, erraremos de vez en cuando. Pero, por favor, no me malinterpretes. No estoy justificando los comportamientos ofensivos. Simplemente estoy sugiriendo que tengamos compasión por nuestras debilidades humanas. Adopta la actitud de que continuarás cometiendo errores hasta el día en que exhales tu último suspiro. Desde una perspectiva general, todo es importante y nada importa tanto como escoger la alternativa de arriesgarse. De esa opción depende la muerte del espíritu y la resignación que llega al vivir con miedo y jugar para no perder en lugar de para ganar.

Con frecuencia somos nuestros críticos más severos. Cuando juzgamos que somos malos e indignos del amor y de los mayores placeres de la vida, manifestamos una energía negativa y destructiva que garantiza que las cosas nos salgan de ese modo. Nuestra autoestima sufre en la medida en que mantenemos nuestro derecho a castigarnos por nuestras debilidades, defectos y errores del pasado. Atraemos la energía negativa que irradiamos al mundo. Cuando no nos perdonamos, bloqueamos la energía amorosa que limpia nuestras almas y nos permite compartir nuestro mayor don con los demás: el don de ser lo mejor que podamos ser.

Cuando nos empeñamos en mantener los juicios críticos sobre nosotros mismos y el enfado consiguiente contra nosotros mismos que nos provocan, eludimos la responsabilidad de fortalecer nuestras relaciones y de hacer que nuestra vida se desenvuelva de la manera más provechosa. Proceder de ese modo nos permite eludir la responsabilidad de comunicarnos. Nos enfadamos con nosotros mismos y desarrollamos un malsano grado de autocompasión por nuestros defectos; y eso nos distrae de avanzar en la vida y ordenar nuestro desbarajuste. Es mucho más difícil perdonar y renunciar a ser una víctima. Perdonar nos permite ocuparnos activamente del asunto de hacer que nuestras vidas y nuestras relaciones prosperen en lugar de mantener la espiral descendente de la incriminación de uno mismo y de echar la culpa a otros. Cometer errores forma parte de la condición humana. No tiene nada que ver con nuestra valía como personas. Asimismo, es ajeno a la saludable aceptación incondicional de uno mismo que es esencial para tener alta la autoestima. Asumir la responsabilidad significa comprometerse a no seguir actuando más de una manera negativa respecto a los errores pasados, sino aprender de ellos.

Las cosas que más nos disgustan de los demás son aquellas que más detestamos de nosotros mismos. Perdonarnos es el primer paso para despejar el camino para perdonar a otros. Cuando te perdonas a ti mismo, el resentimiento tóxico que consume tu espíritu y destruye tu autoestima da paso al autoaprecio que precede al perdonar y amar a los demás.

Esperar que sean los otros quienes inicien la reconciliación no ayuda en nada a tus relaciones, tu salud o la imagen de ti mismo. La sanación de tu pasado vendrá de la empatía que consigas al ponerte en el lugar de la otra persona y entender por qué puede haber actuado como lo hizo. Siendo el primero en perdonar a los demás, allanas el camino hacia un futuro basado en el amor, en vez de en la ira. Recuerda que la ira aparece como resultado de nuestras interpretaciones sobre lo que se hizo, no de los actos en sí. La indulgencia te convertirá en el abanderado y el diseñador de tu futuro yo, un yo con el que puedas sentirte a gusto.

Igualmente, puede que haya algunas personas a las que has tratado injustamente. Mira a ver si hay algo que puedas hacer para enmendar el daño que les hiciste en el pasado con tu conducta. Rectifica cualquier palabra tuya fuera de lugar y reconoce tus errores. Admite las promesas hechas de pasada que dejaste de cumplir por considerarlas poco importantes. Ofrece sinceras disculpas si has errado y comprométete a enderezar las cosas y reparar la relación dañada, si es posible. Tu reparación debería ser proporcional al daño que causaste y estar dirigida a la persona herida. Cuando aceptas activamente la responsabilidad por tu parte en el fallo de la comunicación o en una relación deteriorada, actúas con el coraje de arreglar las cosas. Este compromiso abre el camino a una nueva forma de ser.

Cuando pides disculpas por tus errores del pasado y tomas las medidas apropiadas para ordenar el desbarajuste creado, asumes la responsabilidad de esforzarte al 100 por 100 para sanar la relación. Responda como responda la otra persona, consuélate al saber que has hecho todo lo que estaba en tu mano para reparar el daño. Te ayudará en tu compromiso con la tarea de sanar la relación independientemente de que la otra persona te pague o no con la misma moneda. Al mostrar buena disposición para reparar la situación en la medida de tus posibilidades, tú has hecho tu parte en el inicio de una sanación de la relación. Deja la puerta abierta a la comunicación, felicítate a ti mismo por entrar en acción valientemente en el sentido de concluir los problemas pendientes y sigue adelante con tu vida. Cuando hayas hecho todo lo que puedas para enmendar una indiscreción pasada, no te será de ninguna ayuda seguir riñéndote a ti mismo por lo que hiciste. Todos cometemos errores. Lo único que podemos exigirnos a nosotros mismos es continuar aprendiendo de nuestras acciones, comprometernos a honrar a los demás y asumir la responsabilidad de ser las personas que decimos que somos. Como ya he dicho antes, esto no excusa los actos ofensivos o injustos. Simplemente significa actuar por amor al darte cuenta de que has hecho daño a otros o los has perjudicado.

Con este fundamento de amor, ahora eres libre de declararle al mundo quién eres en lugar de que el resentimiento dicte tus reacciones. La fijación con quitarles la razón a los otros y quitártela a ti mismo desaparecerá gradualmente y te resultará posible comprometerte deliberadamente en la labor de diseñar la persona que eres. Se producirán milagros y la imagen de ti mismo se elevará por las nubes.

Ejercicio: Enumera todas las cosas que todavía no te has perdonado a ti mismo y que no les has perdonado a otros. Diseña un plan para rectificar cualquier palabra fuera de lugar, para reconocer errores y para pedir disculpas por los que tú hayas cometido. En el caso de las personas que hayan fallecido o de aquellas que prefieras no tratar en persona a la hora de zanjar los problemas pendientes con ellas, escribe una carta expresando tus pensamientos, tus emociones y tu perdón. Echar la carta al correo es opcional.

Me sentía mal por no tener zapatos nuevos hasta que vi a una persona que no tenía pies.

ANÓNIMO

17

La importancia de la gratitud a la hora de originar autoestima

Como ya hemos dicho en capítulos anteriores, un factor de primer orden que interviene en la erosión de la autoestima es el sentido equivocado que atribuimos a lo que nos sucede mientras experimentamos los sucesos de la vida. Tomamos lo que alguien dice o hace e interpretamos que eso significa que no tenemos tanto mérito, que no somos lo bastante buenos para merecer las mejores cosas de la vida. La imagen que tenemos de nosotros mismos sufre como consecuencia de nuestro erróneo criterio. Descubrimos los pensamientos que no abanderan nuestra excelencia ni respaldan nuestra felicidad y les damos vueltas y más vueltas. Nos inventamos que carecemos de lo que hace falta para tener éxito, gozar de prosperidad, estar alegres, tener relaciones gratificantes y sentirnos orgullosos de quienes somos.

Como resultado de esta interpretación, empezamos a compadecernos de nosotros mismos. Nuestra energía, junto con las consiguientes acciones derivadas de esta actitud de autocompasión, ocasionan los resultados negativos que esperamos y que más tememos. Por consiguiente, creamos las pruebas que corroboran la pobre opinión que tenemos de nosotros mismos. Este círculo vicioso sigue erosionando nuestra autoestima y resta probabilidades a nuestra reinvención personal, a no ser que asumamos la responsabilidad de romperlo.

Una forma de no prestar atención a este atolladero de autocompasión es concentrarnos en agradecer lo que tenemos, desarrollar una actitud de gratitud por las bendiciones de la vida. Estar agradecido implica concentrarse en las propias fortalezas en lugar de en las debilidades. Implica aprovechar al máximo los dones que tenemos en vez de acentuar nuestros defectos. Cuando miramos el mundo con ojos agradecidos, se nos presenta la posibilidad de dirigir nuestra atención al objetivo de aportar algo a los demás e ir a por todas, en lugar de regodearnos en la autocompasión y no atrevernos a alcanzar todo nuestro potencial.

Las personas agradecidas son optimistas: su vaso siempre está medio lleno, no medio vacío. Aprovechan al máximo lo que tienen y asumen la responsabilidad de cultivar cualquier área que pueda ayudarles a ser las excelentes personas que han decidido ser. La gratitud hace que uno deje de mirarse el ombligo. Crea una fuente inagotable de energía positiva que le permite a uno aportar algo bueno a los demás, y ese continuo compromiso alimenta la autoestima. Es difícil sentirte mal contigo mismo cuando te has rodeado de gente agradecida por tu contribución.

Decide sentirte agradecido

1. Haz una lista de todas las razones que tienes para estar agradecido.

2. Diariamente, decide aportar algo a alguien que pueda beneficiarse de ello.

3. Antes de irte a la cama cada noche, anota aquellas bendiciones por las que has decidido sentirte agradecido.

4. Date las gracias a ti mismo por tu contribución a un nuevo día.

EVALÚA TU PRESENTE

La responsabilidad comienza por el compromiso de honrar tus valores.

DR. JOE RUBINO

18

Haz un inventario de valores

Empecemos nuestra evaluación de tu grado de realización emocional hablando del concepto de valores. Nos resultará útil hablar en términos de tres tipos de valores: valores clave, valores obligatorios y valores nuevos.

El hecho de no honrar los valores clave –los más importantes– perpetúa la baja autoestima. Estos valores componen nuestra esencia, nuestra identidad. Cuando vivimos en armonía con ellos, levantamos nuestro ánimo y elevamos nuestra autoestima.

Los valores clave residen en el centro mismo de nuestro ser. Cuando los violamos, la vida se convierte en una lucha constante. Cuando los deshonramos, ocasionamos enfados, rupturas de la comunicación y deterioro de las relaciones. Pasamos a estar resentidos con los demás y a sentirnos mal con nosotros mismos.

Cuando honramos estos valores clave, en cambio, somos más felices y la vida tiene pleno sentido para nosotros. A la hora de perseguirlos, de orientar nuestra vida a guiarnos por ellos, lo primero es aclarar cuáles son. Hay que reconocer los valores más importantes de uno para poder diseñar las propias acciones de tal modo que sean coherentes con la realización de dichos valores.

De entre los muchos valores clave que forman los cimientos sobre los que se construye la autoestima, algunos ejemplos son los siguientes:

- Seguridad.
- Amor.
- Felicidad.
- Tranquilidad.
- Pertenencia al grupo.
- Paz.
- Libertad.
- Aventura.
- Intimidad.
- Integridad.
- Comunicación.
- Respeto.
- Abundancia.

Reflexiona y responde a estas preguntas:

- De entre tus valores clave, ¿de cuáles crees que no podrías prescindir sin sentirte desdichado?
- ¿Cuáles no están siendo honrados como es debido?
- ¿Cómo afecta eso a tu vitalidad y a la imagen que te has formado de ti mismo?
- ¿Qué harás durante los próximos treinta días para empezar a honrar estos componentes esenciales que nutren tu espíritu?
- Nombra a tres personas a las que pedirás ayuda para honrar estos valores.
- ¿Qué medidas específicas vas a tomar de inmediato para perseguir este objetivo?

Dirijamos ahora nuestra atención al concepto de valores obligatorios. Tales valores no son realmente tuyos; te los impusieron otras personas. Nos referiremos a ellos como los *deberías*.

Estos valores obligatorios los impone la sociedad, la familia, los amigos o cualquier otra persona que crea que sabe cómo deberías actuar. Van en contra de tus deseos, objetivos y pretensiones. No te ayudan a tomar tus propias decisiones para alcanzar la felicidad. Se basan en criterios adoptados por otros con respecto a lo que está bien y lo que está mal, o en normas de conducta aceptable. Haces lo que te indican porque te sientes obligado o coaccionado en ese sentido. Cualquier situación en la que te enfrentes a un «debería» es una situación en la que sufrirás. No estoy diciendo que los principios que hay detrás de estos valores forzosos no merezcan necesariamente la pena o que no tengan mérito. Sin embargo, si no te sintieras culpable o temieses algún tipo de represalias, no escogerías perseguir estos valores por ti mismo. Los valores obligatorios no confieren poder ni contribuyen a la felicidad, como hacen los valores clave. Habrá ocasiones en las que respalden tus objetivos o intenciones, y otras en las que las consecuencias positivas de violarlos tengan más peso que las consecuencias negativas de obedecerlos ciegamente.

Un buen ejemplo de ello sería el mandato «No deberías mentir nunca». Habrá muchas ocasiones en las que este principio te sirva muy bien. Pero, ¿qué pasa si decir una mentira es necesario para proteger a un ser querido o para no estropear una sorpresa agradable? El problema inherente a los valores obligatorios es que a veces carecen de la flexibilidad necesaria para hacer que la vida de uno se desarrolle óptimamente.

Ser educado como católico en las décadas de 1950 y 1960 significaba someterse al valor obligatorio «No debes comer carne los viernes». El razonamiento que había detrás de este precepto se basaba en el valor que tiene el sacrificarse por un bien superior. Sin embargo, recuerdo claramente que cuando tenía seis años de edad me enfrenté a un serio dilema cuando una de mis tías me compró un perrito caliente para almorzar un viernes. Sabiendo también que había que cumplir otro precepto, el de «Desperdiciar la comida es un pecado», me encontré con el dilema de comer carne en viernes o desperdiciar la comida y quedarme con hambre. Tomase la decisión que tomase, ¡la consecuencia siempre era que obraría mal y sería malo! Éste es uno de los problemas que tienen los valores obligatorios. No ayudan a encontrar la felicidad ni dejan tener la flexibilidad de juicio necesaria para que la persona se desenvuelva lo mejor posible en cada situación particular.

Pero no confundamos los valores obligatorios con el código moral. No estoy diciendo que estos comportamientos sean malos ni pretendo promover una ética situacional. De hecho, muchos de los siguientes conceptos se basan en sólidos principios y es frecuente que se apliquen con las mejores intenciones. El valor subyacente puede no estar tan equivocado como la abrumadora obligatoriedad que nos inculcaron al respecto. Si un valor no es de tu propia cosecha, sino que te lo dictaron otras personas, entonces por definición se trata de un valor obligatorio. A continuación enumero algunos de los valores obligatorios típicos que puedes haberte encontrado.

Limpieza

«Deberías limpiar tu habitación y hacer tu parte de las tareas domésticas».
«¡La limpieza lo es todo!».
«No te ensucies al jugar».

Escasez

«No despilfarres. Ya sabes que el dinero no cae del cielo».
«Cómete toda la comida del plato. ¡Piensa en la gente que se muere de hambre en África!».
«Apaga las luces. ¿Te crees que tengo acciones de la compañía eléctrica?».
«No pierdas el tiempo».

Obligación

«Deberías visitar con regularidad a tus parientes mayores».
«Irás a la facultad de medicina y te harás médico».
«Así no se porta una buena esposa (o marido, hijo, progenitor, etc.)».
«Debes ir a la iglesia todos los domingos».
«El matrimonio es para siempre. No deberías divorciarte».
«Debes mantener a tu familia de la misma forma que yo te mantuve a ti».

Respeto

«Respeta a tus mayores, no importa lo que digan».
«A los niños se les debe ver pero no oír».
«Una promesa es una promesa; no deberías romperla nunca».
«Las personas casadas no hacen esas cosas».

Bondad

«Los niños buenos son obedientes y hacen lo que se les dice».
«Una señora no le habla de ese modo a otras personas».
«Los buenos padres quieren a todos sus hijos por igual».
«Las personas gordas no son atractivas».

Generosidad

«Los niños buenos comparten sus juguetes».
«Deberías donar parte de tus ingresos para obras benéficas».
«Deberías ofrecer voluntariamente tu tiempo a los demás».
«Deberías pensar en el prójimo antes que en ti mismo».

Obrar como es debido

«Los hombres no lloran ni muestran sus emociones».
«Eso no es propio de una señorita».
«Deja de estar triste (o enfadado, o asustado)».
«La pereza es la madre de todos los vicios. Deberías estar siempre ocupado».
«El trabajo nunca ha matado a nadie».

Valía

«Si fueras más _____, no tendrías este problema».
«Sólo debes casarte con un medico, con un profesional, con un miembro
   de tu misma raza, religión, etc.».
«Deberías conocer la respuesta».
«Debes tener éxito».

Cuando eras pequeño, la sociedad y tus padres te inculcaron muchos de los valores obligatorios que acabo de enumerar. Te dijeron o insinuaron que eras bueno cuando obedecías las normas y malo cuando las desobedecías. Juntaron las interpretaciones morales del bien y el mal con directrices destinadas a ayudarte a conseguir que tu vida funcionase. Sus intenciones eran buenas. Querían que aprendieras las herramientas que ibas a necesitar para llevar una vida productiva, exitosa y estructurada.

Sin embargo, las consecuencias de incumplir las normas, con demasiada frecuencia, eran la interpretación de que eras malo. De modo que lo que establecieron para ayudar a que tu vida fuese productiva, eficaz y feliz produjo exactamente el resultado opuesto. Disminuyó tu autoestima poco a poco cada vez que dejabas de estar a la altura de las expectativas restrictivas que te impusieron.

Tal vez hayas seguido esta misma pauta y hayas inculcado muchos de estos deberías a tus propios hijos. A pesar de hacerlo con la mejor de las intenciones, estos valores forzosos pueden tener como resultado la decisión de que «Soy malo» porque no he obedecido las normas.

La gente se vale de la fuerza, la coacción y la intimidación para mantener los valores obligatorios. Éstos pueden dominarnos y privarnos de nuestro libre albedrío debido a la inflexibilidad con la que se suelen presentar. Nos molesta la presión ejercida sobre nosotros para que nos comportemos como los demás. También nos sentimos culpables si los violamos. De una u otra manera, nuestra autoestima sufre.

Dedica un momento ahora para reflexionar y contesta a las siguientes preguntas:

- ¿Qué valores obligatorios te inculcaron en tu educación?
- ¿Cuáles siguen vigentes hoy día? ¿Cuándo te sientes culpable o dividido entre lo que deberías hacer y lo que quieres hacer?
- ¿Cómo erosionan tu autoestima estos valores forzosos?
- Elabora una interpretación que te confiera poder para explicar por qué razón los demás te habrán impuesto cada uno de estos valores.
- ¿Qué valores obligatorios descartarás porque ya no te sirven para alcanzar tu felicidad y convertirte en la persona que has decidido ser?
- ¿Cuáles conservarás porque te sirven para tener una buena imagen de ti mismo?
- Elabora una nueva interpretación para reemplazar a las anteriores que te pusieron la etiqueta de que eras malo o estabas equivocado si dejabas de acatar estos valores. Recuérdate a ti mismo esta nueva interpretación cada vez que te juzgues con severidad por violar este valor obligatorio.
- ¿Qué necesitas poner en práctica para vivir responsablemente de acuerdo con tus elecciones y para restaurar tu autoestima?

- ¿Cuándo tomarás esas medidas?
- Anota lo que se te ocurra en tu diario (más adelante veremos cómo llevar un diario).

Muchas veces, nuestra lucha interior se deriva del conflicto entre lo que queremos hacer y lo que deberíamos hacer «si fuéramos buenos o responsables». Vivimos en un mundo de opciones. O hacemos los deberes o salimos a jugar al aire libre. O vemos el partido o dedicamos ese tiempo a estar con los niños. O nos esforzamos en el trabajo o nos tomamos el día libre.

Lo que a menudo echamos en falta es la posibilidad de hacer ambas cosas. Pero si nos entrenamos para salirnos de los esquemas establecidos y consideramos como posible solución a nuestro dilema hacer esto *y* esto, en lugar de hacer esto *o* lo otro, frecuentemente podremos disfrutar de lo mejor de ambos mundos.

Decide hoy mismo honrar tus propios valores y vivir responsablemente de acuerdo con tus elecciones en todo lo que hagas. Por supuesto, todas las acciones tienen consecuencias. Ten claro qué consecuencias a corto y largo plazo tendrá rechazar cualquier valor obligatorio. Ten en cuenta que mantenemos en su sitio aquello a lo que nos resistimos. Decide aceptar la plena responsabilidad de tus elecciones.

Pasemos ahora a hablar del concepto de valores nuevos. Como si se tratase de las capas de una cebolla, cuando honramos ciertos valores clave básicos, otros valores salen a la superficie mostrándose importantes y piden que los honremos también.

Todos necesitamos una reserva para protegernos del caos y el estrés de la vida. Sin tal reserva, nuestras preocupaciones diarias se centran en el intento por sobrevivir y rechazar las amenazas. Por ejemplo, para una persona sin hogar, los valores clave pueden ser muy bien la seguridad y la tranquilidad. Mientras no honre éstos, es probable que ni siquiera piense en otros valores nuevos como la creatividad, la aventura, la riqueza y otros que no son esenciales para la supervivencia.

Este mismo concepto es aplicable a aquellos que carecen de autoestima. Cuando ganamos en autoestima, vemos que se presentan ante nuestros ojos nuevas y apasionantes posibilidades. Es como si estuviéramos montados en un ascensor con las paredes de cristal en la fachada de un rascacielos en el que cada planta representa un grado más alto de autoestima. Cuando estamos al nivel del suelo, lo único que vemos cuando miramos hacia fuera es la pared de ladrillo que tenemos delante. Pero, cuando nuestra autoestima crece, también lo hace nuestra perspectiva con respecto a los valores nuevos. Cuanto más alto subimos en el ascensor, más extenso es el panorama y más bello se presenta ante nuestros ojos el mundo que nos rodea. Cuando la imagen que tenemos de nosotros mismos se remonta hasta la habitación del ático, a duras penas podemos creer que nuestra capacidad para ver claramente estuviera en otro tiempo tan restringida.

A medida que tu autoestima crezca en los meses y años venideros, tómate tu tiempo para reflexionar sobre los valores nuevos que encuentres esperando que los honres mientras tu vida se enriquece.

No puedes vivir profundamente en el presente si tu mente está en el pasado.

DR. JOE RUBINO

19

Lleva un inventario personal: echa el cierre a tu pasado y atiende los asuntos pendientes

Como ya hemos dicho, aquellos acontecimientos del pasado que no has conseguido dejar atrás todavía consumen continuamente tu atención. Decide ahora mismo finalizar esas cosas que menguan tu energía, se ganan tu atención y te roban tu poder. Proceder de ese modo elevará tu autoestima al permitirte actuar deliberadamente en el presente y enfrentarte al futuro con la fuerza que te proporcionará tu atención indivisa.

Si el pasado te preocupa, serás incapaz de responder a las nuevas posibilidades con la velocidad que se obtiene estando plenamente presente en la vida. Al atender cualquier asunto sin resolver, ya no te fastidiará el estrés que estas cuestiones contribuyen a crear mientras compiten por llamar tu atención.

Si pones fin a estos temas, minimizarás el efecto potencial de las impresiones desagradables que merman tu eficiencia y perjudican tu autoestima. Suprimir estos asuntos se traduce en que aceptas la responsabilidad de hacer lo necesario para ocuparte de cualquier dificultad que amenace tu visión del futuro. Eso tendrá como resultado la creación de un colchón mental, físico o espiritual para salvaguardarte de los problemas de la vida.

Además de dejar atrás las cuestiones no resueltas del pasado, te servirá para darte cuenta de cuáles son las áreas en las que te consideras deficiente. Si sueles concentrar tu energía en aquellas áreas donde crees que no das la talla, no serás capaz de poner toda tu atención en hacer que tu vida se desarrolle del mejor modo posible en el aquí y el ahora.

Ahora considera detenidamente la siguiente lista para comprobar los puntos que te son aplicables. Añade los que consideres oportunos para completar tu propia lista en cada categoría.

Salud, aspecto y personalidad

- Me siento a gusto con mi aspecto.
- No tengo problemas físicos prolongados ni dolencias crónicas sin tratar.
- Me he hecho un reconocimiento médico hace poco.
- Cuido mi salud dental y la apariencia de mi dentadura es buena.
- No estoy tomando drogas ni abusando del alcohol.
- No fumo ni maltrato mi cuerpo de ninguna otra manera.
- Me arreglo lo mejor posible.
- Mi cabello, mis uñas y mi aspecto en general son pulcros y atractivos.
- Me cepillo y me limpio los dientes con hilo dental de forma habitual.
- Me han comprobado la vista hace poco y era buena o la han corregido con gafas o lentes de contacto.
- Voy bien vestido, huelo bien y causo buena impresión.
- Mi casa, mi oficina y mi automóvil reflejan fielmente quién soy.
- No tengo hábitos poco sanos.
- Normalmente veo el vaso medio lleno.
- Estoy en mi peso idóneo.
- Me siento relajado, no estoy preocupado ni nervioso.
- Soy creativo e imaginativo.
- Tengo sentido del humor.
- No hablo mal de mí mismo ni tolero que otros lo hagan.
- Tengo pocos disgustos a diario.
- Mi vida tiene sentido y está bien organizada.
- No me agobio fácilmente.
- Cuido mi salud en todos los aspectos.

- Los demás me consideran competente.
- Siempre espero que la vida vaya a mejor.
- Otros puntos: _____
  _____

Riqueza, finanzas, carrera, ocupación

- Ahorro una parte considerable de mis ingresos semanal o mensualmente.
- Pago puntualmente cada mes todos los cargos que he hecho con mis tarjetas de crédito.
- Pago mis impuestos y presento la declaración del impuesto sobre la renta dentro del plazo establecido.
- Tengo un seguro adecuado para protegerme contra las pérdidas o las enfermedades.
- Mi negocio está en buen estado desde el punto de vista financiero.
- En el trabajo me respetan.
- No trabajo en exceso de forma regular.
- Todas mis deudas son razonables y estoy al día en los pagos.
- Mi trabajo me satisface y me encanta lo que hago.
- Soy honrado, simpático y digno de confianza.
- La gente respeta mi talento.
- No utilizo a la gente en mi propio beneficio ni consigo cosas a costa de los demás.
- Mis compañeros de trabajo saben que soy cumplidor.
- La gente confía en mi criterio y acepta de buen grado mis consejos.
- Yo decido mi propio destino.
- Me gustan los retos y no me asusta correr riesgos razonables.
- No me conformo con trabajos que estén por debajo de mis posibilidades.
- Recibo cada nuevo día con ilusión y me encanta lo que hago.
- Delego en otros aquellas tareas que no necesito hacer por mí mismo.
- Otros puntos: _____
  _____
  _____

Relaciones

- Hago amistades fácilmente y tengo muchos amigos íntimos.
- Todas mis relaciones son mutuamente satisfactorias.
- Me asocio con personas a las que puedo llamar amigos con orgullo.
- Me siento a gusto en la mayoría de las situaciones sociales.
- Soy bueno en cuanto a comprometerme y a mantener mis compromisos.
- No tengo relaciones tóxicas.
- No dependo demasiado de ninguna persona.
- Confío en los demás y los demás confían en mí.
- Soy puntual y llego a tiempo a mis citas.
- Mi vida está libre de habladurías.
- Otras personas dirían que no soy sentencioso.
- No deniego la comunicación ni el amor en ninguna de mis relaciones.
- Respeto los valores de los demás y los demás respetan los míos.
- Mis relaciones son auténticas, cordiales y sinceras.
- Tengo una relación estrecha e íntima con mi cónyuge o pareja.
- Tengo una actitud sana hacia el sexo. Creo que los demás me encuentran atractivo sexualmente y no tengo miedo de expresar mi sexualidad.
- Otras personas dirían que soy un buen comunicador y un buen oyente.
- Disfruto del tiempo que paso con mis amistades y además tengo amigos comunes con mi cónyuge o pareja.
- He perdonado a todos los que me han hecho daño.
- No me consume el sentimiento de culpabilidad.
- La gente diría que soy de trato fácil y que raras veces estoy de mal humor.
- No sigo ningún comportamiento abusivo.
- No vivo con la esperanza de que algún día tendré la suerte de encontrar a la persona adecuada que arregle mi vida.
- No tengo problemas en pedir para satisfacer mis necesidades.
- Asumo la responsabilidad de hacer que mi vida se desarrolle óptimamente en todos los aspectos.
- Otros puntos: _____
  _____
  _____

Familia

- Quiero a mi familia, mi familia me quiere a mí y nos lo decimos mutuamente.
- No siento ira hacia ningún miembro de mi familia ni le guardo rencor.
- Todos los documentos legales y financieros de mi familia están en orden.
- He perdonado a todos los que me han hecho daño.
- He pedido disculpas a todos aquéllos a los que hice daño y he hecho todo lo posible para arreglar la relación.
- Dedico tiempo frecuentemente a conectar con mi familia.
- No cotilleo ni tolero conspiraciones u otros comportamientos malsanos en mi familia.

Otros puntos: _____

_____

_____

Desarrollo personal o espiritual

- Dedico tiempo a mi desarrollo personal.
- Tengo una visión clara de mi vida por escrito y la leo a diario.
- Tengo una profunda relación con Dios.
- Confío en mi amor propio.
- Tengo un orientador para la vida en general o para mi trabajo.
- No me limito a tolerar la vida; la vivo al máximo.
- Leo y escucho con regularidad cosas que contribuyen a mi grandeza y me inspiran.
- Estoy bien informado sobre los asuntos de la actualidad.
- Todos los días aprendo algo nuevo.
- Confío en mi intuición y me guío por ella.
- Estoy en contacto con mis valores y mi vida los expresa plenamente.
- Soy consciente de mis dotes y contribuyo con ellas generosamente.
- Espero que mi vida funcione óptimamente y me he comprometido a hacer que eso ocurra.
- Digo la verdad.
- El legado que dejaré al mundo es _____

- Otros puntos: _____

_____

_____

Esparcimiento y diversión

- Me divierto con otras personas por lo menos una vez a la semana.
- Tengo aficiones que me resultan gratificantes.
- Sé qué cosas me hacen feliz y las hago a menudo.
- Los demás me consideran una persona divertida.
- Busco el equilibrio entre el trabajo y el esparcimiento.
- Saco tiempo para dedicármelo a mí mismo.
- Mis animales domésticos tienen buena salud y están bien cuidados y bien atendidos.
- Otros puntos: _____

_____

_____

El valor del ejercicio anterior estriba en que no te regañes a ti mismo por tus debilidades. Todo el mundo tiene fortalezas, así como áreas que se pueden desarrollar y actitudes que se pueden cambiar para conseguir la felicidad y la excelencia.

Ahora que has hecho tu inventario personal, elabora una lista preliminar con todos los puntos en los que decidas trabajar. Apunta aquellos temas que se puedan abordar específicamente mediante acciones detalladas. En el capítulo 19 aprenderás a perfeccionar esta lista. También incorporarás estos elementos a tu visión y al plan de acción que crearemos juntos en el capítulo 25.

Da un orden de prioridad a tu lista, de modo que puedas fijar plazos específicos para abordar cada punto mientras elaboras tu plan de acción. Separa lo que sea realmente así de los significados que hayas atribuido a cada cualidad que hace que tu autoestima se desplome. A medida que aprendas a acentuar tus fortalezas y a volver a encuadrar las debilidades para que tengan un papel menos destacado en la imagen global de ti mismo, te juzgarás con menos dureza y te querrás más.

El fracaso es una interpretación que no respalda la autoestima. Reinterpreta tus experiencias «fallidas» para reconocer tus percepciones, tu desarrollo y tus logros. En vez de huir del fracaso, acéptalo, aprende de él y agrándalo hasta que se convierta en un gran «¿Y ahora qué?». Sólo aquellos que se arriesgan a fracasar pueden realizar grandes cosas.

DR. JOE RUBINO

20

Evalúa tus fortalezas y debilidades

Ya has trabajado en completar tu pasado para identificar tus valores clave y para hacer un inventario personal. Ahora es el momento de evaluar mejor tus fortalezas y debilidades. Pero... ¡no te estoy dando permiso para machacarte a ti mismo! De hecho, comprométete ahora a renunciar para siempre al derecho a inhabilitarte. Simplemente reconoce cuándo te estás juzgando a ti mismo con severidad y recuerda tu compromiso de concederte un respiro y de quererte. Significará crear una interpretación que te mantenga entero y refleje como es debido tu amor propio.

Todos tenemos dotes, talento. El problema con frecuencia es que no estamos plenamente en contacto con esas dotes. Para descubrir cuáles son las tuyas, pide a otras perdonas que te den su opinión al respecto. ¿Por qué cualidades eres conocido? ¿Qué es lo que te apasiona? ¿Cuándo te sientes más vivo? ¿Qué te divierte más? Anota todas tus fortalezas y tus dotes en varias fichas y ponlas donde puedas verlas: por ejemplo, deja una al lado del teléfono, otra en el espejo de tu cuarto de baño, otra en el coche y otra más dondequiera que sea más probable que te recuerde la necesidad de pasar revista a estas cualidades. A medida que te des cuenta de otras virtudes, añádelas a tu lista. Cuando estés más en contacto con tu magnificencia, la lista crecerá.

Prestemos atención ahora a tus debilidades. Considera los errores del pasado como oportunidades de aprendizaje. Las debilidades son simplemente cualidades que se pueden cambiar o áreas de potencial que aún no has desarrollado. Minimiza la importancia de aquellos que no puedas modificar comprendiendo lo insignificantes que son en comparación con tus fortalezas. Reflexiona sobre las áreas de tu salud, tu ocupación, tus finanzas, tus relaciones, tu familia, tu desarrollo personal o espiritual, tu esparcimiento y tus diversiones. ¿Qué falta en cada área que, si lo introdujeras en ella, aumentaría tu felicidad y mejoraría tu estilo de vida, tus relaciones y tu autoestima? En algunas áreas, sabrás fácilmente qué tienes que hacer para mejorar tu vida; en otras tal vez necesites la ayuda de un orientador para diseñar un plan de cara a abordar lo que te falte. Considera cualquiera de estas carencias como si fuera un músculo que se encuentra débil por haber estado escayolado el miembro al que pertenece durante un mes y medio. Ahora te han quitado la escayola y te concentras deliberadamente en ejercitarlo de nuevo para que se fortalezca con el uso y un amorosa atención.

Por favor, revisa la siguiente lista de cualidades potenciales que te interese desarrollar para maximizar tu eficiencia con la gente y para mejorar tu autoestima.

Cualidades que respaldan tu excelencia

- Estar tranquilo y centrado.
- No reaccionar mal.
- Ser organizado y concentrarse.
- Estar en paz.
- Tener auténtica humildad.
- Escoger aquellas interpretaciones que te respalden o te confieran poder.
- Tener más energía física.
- Trabajar en tu salud y tu apariencia.
- Tener integridad.

- Rezumar carisma.
- Mostrar confianza.
- Ser una fuente de inspiración para ti mismo y para los demás.
- Permitirte ser vulnerable cuando resulte apropiado.
- Exteriorizar los sentimientos.
- No mostrar tus emociones cuando no te sirve de nada.
- Ser sensible.
- Ser consecuente o persistente.
- Estar abierto a que te orienten o te enseñen.
- Ser feliz.
- Tener una buena imagen de ti mismo.
- Confiar en tu intuición.
- Desarrollar empatía.
- Estar automotivado.
- Ser capaz de comprometerte y de mantener tus compromisos.
- Ser capaz de no reaccionar mal cuando te digan algo que no te guste.
- Ser un buen oyente.
- Ser capaz de aprovechar al máximo cada situación.
- Ser capaz de pasártelo bien.
- Cumplir tu palabra con fidelidad.
- Tener disciplina.
- Estar dispuesto a sacrificarte por el futuro.
- Hablar con el corazón en la mano.
- Vivir tu visión.
- Ayudar a los demás.
- Apoyar a otros en su búsqueda de la excelencia.
- Rebosar entusiasmo.
- Ser inspirador.
- Ser vulnerable.
- Tener compasión.
- Tener una actitud positiva.
- Tener expectativas positivas por decisión propia.
- Comunicarte con eficacia.

Tal vez decidas desarrollar las siguientes cualidades en relación con los demás:

- Estar pendiente de ponerte en el lugar de la otra persona.
- Estar pendiente de cómo aportar algo o ayudar a los demás.
- Estar pendiente de la mutualidad o los puntos en común.
- Estar pendiente de lo que otros te puedan aportar.
- Estar pendiente de las oportunidades de fortalecer tu relación (en lugar de estar pendiente de que te ofendan).
- Ser capaz de establecer lazos o vínculos afectivos con otros.
- Poseer la capacidad de trabajar bien conjuntamente.
- Estar encantado de servir.
- Estar dispuesto a contribuir.
- Interesarse en los demás.
- Estar interesado en encontrar soluciones válidas para todos.
- No interrumpir.
- Ser capaz de causar buena impresión en la gente.
- Ser un jugador de equipo.

(Adaptado de The Power to Succeed: 30 Principles for Powerful Living, del Dr. Joe Rubino, © 2002.)

Ejercicio: Haz una lista de tus fortalezas y tus dotes. Identifica tus debilidades. ¿Cuáles de ellos se pueden fortalecer y desarrollar? De la lista anterior de cualidades, selecciona las cinco que más contribuyan a tu felicidad, tu poder y tu eficiencia.

Un hombre es rico o pobre por lo que es, no por lo que tiene.

HENRY WARD BEECHER

21

Reprograma tu mente subconsciente

Con los anteriores ejercicios en mente, haz una lista de todas las cualidades y valores que tu nuevo yo reinventado va a encarnar. Incluye tanto tus actuales virtudes como aquellos atributos que hayas identificado que necesitan refuerzo por tu parte. Expón las cosas de manera positiva. Por ejemplo, di *feliz* en lugar de *no enfadado, de trato fácil* en lugar de *no difícil, cariñoso* en lugar de *no odioso.*

Tu lista podría tener un aspecto parecido a éste:

Mis nuevas cualidades y valores

- Me siento seguro.
- Estoy lleno de confianza en mí mismo.
- Soy cariñoso.
- Me quieren.
- Soy indulgente.
- Soy carismático.
- Soy valiente.
- Soy atractivo.

- Soy un buen oyente.
- Estoy automotivado.
- Soy de pura cepa.
- Soy un entusiasta.
- Soy empático.
- Soy sociable.
- Pertenezco al grupo, así que me siento como en casa con los demás.
- Consigo inspirar a la gente.
- Me siento feliz.
- Soy un gran amigo.
- Soy una persona que contribuye.
- Soy una persona comprometida.
- Soy de trato fácil.
- Estoy pendiente del valor.
- Cultivo mis relaciones.

Enumera aquellas cualidades que mejor representen tu yo ideal, una persona esplendorosa y segura de sí misma con una elevada autoestima. Ahora toma las cualidades de tu lista y agrúpalas en oraciones; te servirán como nuevas afirmaciones que te confieran poder al reprogramar tus pensamientos. Por ejemplo, si tus cualidades fueran las enumeradas antes, tus afirmaciones podrían ser como éstas:

- Soy una persona llena de confianza en sí misma y cariñosa.
- Me siento seguro de mi valor como un gran amigo y me quieren muchas personas.
- Como pertenezco al grupo, encajo de maravilla vaya donde vaya.
- Perdono a los demás y a mí mismo por todos nuestros errores y defectos.
- Soy feliz, sociable, de trato fácil y alguien divertido para estar con él.
- Inspiro a otras personas con mi coraje y mi autenticidad.
- Soy atractivo, carismático y voy bien arreglado.
- Soy un buen oyente.
- Estoy pendiente del valor en toda conversación que entablo.
- He decidido retirarme el permiso para ofenderme con facilidad.
- Cultivo y fortalezco mis relaciones.

- Estoy automotivado y soy un entusiasta.
- Tengo empatía con mis interlocutores.
- Con frecuencia ayudo con mi talento a otros.
- Reconozco mi valía y hago con frecuencia cosas que me resultan agradables.

Ejercicio: Crea tu propia lista. Escribe estas afirmaciones en fichas y repártelas por tu casa y tu oficina. Tómate unos minutes al menos tres veces al día para leer estas afirmaciones y centrarte en su energía sanadora. O mejor aún, haz una grabación magnetofónica con tus nuevas afirmaciones. Escucha la cinta varias veces al día con los ojos cerrados y concéntrate en la sensación que te produce *ser* esas cosas.

Sentir lástima por la gente la empequeñece y daña su autoestima. La gente es magnífica. Hay que sostenerla y abogar por ella para aumentar su autoestima.

DR. JOE RUBINO

22

Crea una estructura para desarrollar las cualidades que a tu juicio te faltan

Coge la lista de cualidades que elaboraste en el ejercicio previo y selecciona las cinco principales cualidades que te faltan y que contribuirían más a elevar tu autoestima si las desarrollaras y fortalecieras.

Empieza a trabajar en tu salud y tu apariencia, si estas áreas no están a la altura de tus expectativas. Decide volver a la universidad para adquirir conocimientos valiosos o cambiar de profesión si eso es lo que necesitas. Si te hace falta diversión o relaciones gratificantes, céntrate en actividades que satisfagan estas necesidades. Si pasas mucho tiempo ocupándote de las necesidades de otros, haz una lista de tus propias prioridades como persona que merece una atención especial, cuidados y mimos.

Fíjate en cuán a menudo te sorprendes compadeciéndote de ti mismo. Si es un problema común en ti, sal al mundo y concentra tu atención en un objetivo o causa que valga la pena y te saque de la rutina. Interactuar con otros y dejar de pensar todo el tiempo en ti mismo obrará maravillas en cuanto a tu estado emocional y tu nueva dirección positiva.

Puede que te interese trabajar en hacerte un oyente mejor. Eso significaría, ante todo, escuchar con paciencia y no interrumpir. O tal vez te convenga estar pendiente de aquello que haya de valor en lo que te dicen, lo que pueda aportar algo a tu vida, sin tener en cuenta el estilo de la persona que lo presente. O buscar el «oro» en vez de la «basura» en las conversaciones. Todas estas *actitudes auditivas* te confieren poder y mejoran tus relaciones, te permiten oír a los demás y te recompensan con un concepto elevado de ti mismo al mejorar tu aptitud para comunicarte.

Hablemos ahora sobre el escuchar a los demás *cuando el ambiente está cargado de tensión,* como durante una discusión o un enfrentamiento. Éstas son las ocasiones en las que las nuevas herramientas de comunicación son de lo más importantes para fortalecer tu autoestima. En tiempos de estrés, ponte en el lugar de la otra persona y hazte esta pregunta: «¿En qué estará pensando para obrar como lo hace?». Si no estás seguro de en qué puede estar pensando, elabora una interpretación que te ayude a sentir empatía hacia ella. Proceder de ese modo te permitirá entender mejor que la gente lo hace lo mejor que puede de acuerdo con su manera de ver el mundo. Aunque sus actos con frecuencia puedan parecer personalmente ofensivos, está hechizada en su propio mundo y no se ha parado a considerar cómo os afectan sus palabras o acciones a ti o a otros. Si trabajas en no ofenderte por lo que digan o hagan los demás, podrás reconstruir mejor tu propia imagen. Con demasiada frecuencia, nos tomamos las cosas como algo personal y nuestra autoestima sufre las consecuencias. Al dejar espacio para que la gente sea como es, con todos sus defectos y flaquezas, permites que hagan lo que hacen sin inferir nada negativo sobre ti. Al no tratar de controlar quiénes son o cómo se comportan, generarás armonía y fortalecerás tu estima. La libertad llega cuando renuncias al deseo de dominar o controlar a otros y no te vinculas emocionalmente al resultado.

Ejercicio: una vez que hayas identificado estas cinco primeras cualidades que vas a desarrollar, practica las siguientes estructuras para ayudarte a tener éxito.

1. Emprende alguna acción específica cada día que te ayude a desarrollar cada rasgo.
2. Al final del día, puntúate a ti mismo en una escala del 1 al 10 con respecto a cuán bien encarnas cada cualidad.

3. Lleva un diario en el que describas lo que ha funcionado cada día de cara a desarrollar cada característica. Anota también lo que te falta y que, si lo tuvieras, te ayudaría a alcanzar mejor tu objetivo.
4. Pide a los miembros de tu familia y a tus amigos que te ayuden a desarrollar los rasgos que has escogido.

DISEÑA TU FUTURO

Las personas detestan que las dominen. Si no tienen libertad para decir que
no, tampoco la tienen para decir que sí. Dales la capacidad de elegir y observa
cómo aumenta su autoestima.

DR. JOE RUBINO

23

Lleva un diario

De ahora en adelante, te invito a vivir tu vida deliberadamente. Con esto
quiero decir que empieces a analizar a diario quién *estás siendo,* si se trata del
que busca tu felicidad, mejora tus relaciones y acrecienta tu autoestima o
bien del que resta importancia a todo eso. Mantente alerta frente al discurso
interior negativo, momento a momento, mientras realizas tus quehaceres
cotidianos. Tu autoestima aumentará en la medida en que antes reconozcas
cuándo Chip está diciéndote sus tonterías y luego reinterpretes cada pensamiento y cada situación de un modo que abandere la imagen de ti mismo.
Una buena herramienta que te ayudará a mantener tu actitud deliberada es
un diario. Puede ser un simple cuaderno de espiral o un libro de pasta dura
hecho expresamente con este propósito. Escoge tu diario teniendo en cuenta que lo vas a atesorar toda la vida como uno de los muchos volúmenes
que te permiten recapacitar sobre los progresos de tu desarrollo personal.

Puedes usar el diario para hacer los ejercicios que te sugiero en este
libro. También es valioso para anotar cualquier observación, incluyendo
tus compromisos, tareas difíciles, nuevas percepciones y adelantos (experiencias eureka) de cada día.

Empieza por apuntar tus observaciones diarias en los siguientes aspectos:

- Evita el discurso interior negativo.
- Distingue lo que es real de la historia perjudicial que decidiste inventarte sobre ti mismo.
- Toma nota de cada vez que te exijas a ti mismo la perfección o te culpes de cosas que no hayas hecho o que estén más allá de tu control.
- Apunta cualquier suposición tuya de que los demás te estén juzgando con tanta severidad como tú. Separa lo que dijeron exactamente de lo que pienses que querían decir y que te haga reconvenirte a ti mismo. Crea una nueva interpretación que te confiera poder al otorgarte el beneficio de la duda.
- Cuando te des cuenta de que ya estás otra vez con tu charla negativa, hazte esta pregunta: «¿Será posible que esté distorsionando lo que sucedió realmente?».
- ¿Te tomas lo que otros dicen como algo personal? ¿Qué otra interpretación puedes dar a estos comentarios, suponiendo que no están dirigidos a ti?
- ¿Te estás comparando con los demás y sales perdiendo en la comparación? ¿Cómo podrías pasar a dirigir tu atención a tus fortalezas? Cada vez que albergues un pensamiento negativo, felicítate por algún rasgo positivo tuyo.

Al final de cada día, apunta también tus ideas respecto a estas preguntas adicionales:

- Mis pensamientos y acciones de hoy, ¿reflejaban mis valores y compromisos y han contribuido a construir mi creciente autoestima?
- ¿Qué funcionó bien hoy?
- ¿Qué es lo que me ha faltado que, si lo tuviera, me ayudaría a ser la persona que he declarado que soy?
- ¿Qué me ha faltado que habría contribuido a aumentar mi autoestima hoy?
- ¿Cómo voy a hacerlo mejor mañana?

No podrás ayudar plenamente a otros hasta que te ayudes a ti mismo.

DR. JOE RUBINO

24

Crea una visión de tu vida

Si la imagen que tienes de ti mismo está empañada, es probable que tus esperanzas de participar en todas las cosas buenas que la vida nos ofrece se resientan también. Probablemente el mayor coste de la baja autoestima sea la consiguiente resignación que fomenta. Nos morimos un poco por dentro cada día que pasa. Antes de que nos demos cuenta de lo que está ocurriendo, hemos traicionado nuestros sueños de ser todo lo que podemos ser, de tener las cosas que merecemos y de vivir una vida impulsada por lo que nos apasiona.

Conseguimos todo aquello que esperamos. Si esperamos que nuestra vida se caracterice por unas relaciones cálidas, abundancia, diversión y aventura, generaremos la intención de hacer que sea así. Nuestra intención creará dentro de nosotros el impulso de realizar las acciones necesarias para manifestar nuestra visión. Igualmente, si la baja autoestima nos lleva a esperar dolor, soledad, sufrimiento, una lucha constante, ruptura de nuestras relaciones y pobreza, ésos serán los resultados que tendremos en nuestro mundo. Saboteamos sin querer nuestros esfuerzos para conseguir las cosas que más queremos porque no nos creemos que seamos dignos de recibirlas. Cada vez que las cosas empiezan a mejorar, un invisible y contraproducente termostato interno se pone en marcha, asegurándose de que nuestras pobres expectativas se conviertan en una profecía que se realiza por sí sola.

La buena noticia es que puedes reciclar tus pensamientos e intenciones para que manifiesten lo que deseas que aparezca. Entrena tu mente para que se convierta en un aliado en tu búsqueda de una alta autoestima creando una visión que honre tus valores, se alinee con lo que te apasiona y abarque las cualidades que te has comprometido a promover. Esta nueva visión que te confiere poder reemplazará la actual visión borrosa que ni sirve a tu magnificencia ni alimenta tu autoestima.

Coge un vaso de vidrio y llénalo de café. Representa tu baja autoestima: es turbio, oscuro y no deja pasar la luz. Después coge una jarra y llénala de agua pura y cristalina. Esta última representa tu nueva visión de poder. Ahora vierte el agua de la jarra en el vaso, hasta que empiece a rebosar el líquido. El efecto de los primeros mililitros de agua pura sobre el color del líquido que llena el vaso es poco aparente. Sin embargo, a medida que sigues añadiendo agua, el contenido del vaso se hace cada vez más claro. Para cuando hayas vaciado la jarra, verás que todo el líquido turbio y oscuro ha desaparecido; en el vaso sólo queda agua pura y trasparente. Pues bien, lo mismo puede decirse con respecto a tu mente. A medida que reemplazas los pensamientos escépticos y contraproducentes que echan por tierra tu autoestima por una visión positiva que te confiere poder y alimenta tu magnificencia, el poder de estos nuevos pensamientos acaba por reemplazar al de los antiguos. Esto eleva tu estima y diluye los pensamientos que previamente te consumían y acaparaban tu atención. El poder de esta trasformación emana de la magnitud de la nueva energía positiva que supera con creces la vieja fuerza negativa.

Para modelar tu nueva visión de la vida, cierra los ojos e imagina que un genio se acaba de aparecer ante ti. Este genio ha ofrecido concederte cualquier deseo, a condición de que tengas el coraje de imaginarlo, creer que se hará realidad y perseguirlo. A fin de crear esta visión, necesitas suspender durante un tiempo cualquier idea contraproducente de que sólo vas a conseguir en la vida lo que siempre has tenido. El pasado no tiene por qué ser un precursor del futuro. Ten presente que desarrollaremos un plan de acción específico para responder a esta pregunta: «¿Qué va a hacer falta exactamente para manifestar esta visión?». De modo que crea tu visión soñada con la esperanza de que diseñaremos un plan para convertir en realidad todos y cada uno de sus aspectos.

Empecemos por repasar qué valores va a honrar tu visión. Constituirán la tela que tejeremos durante toda tu visión. A continuación, revisaremos las cualidades que anotaste previamente con la intención de desarrollarlas más y mejorarlas. Dichas cualidades hablarán al *yo que eres* mientras construyes la vida de tus sueños. Y, por último, harás una lista de las cosas que te apasionan: aquellas cosas que te encanta hacer y que estarías deseando hacer todos los días durante los próximos cincuenta años. Estas pasiones hacen que la vida valga la pena.

Plantéate esta visión como si fuera el guión de una película que vas a ver proyectada en la pantalla grande cuando te sientes en tu butaca del cine donde se proyecta la historia de tu vida. Escribe tu visión en primera persona y en tiempo presente, como si estuvieras describiendo una escena de la película tal y como se desarrolla. Crea una imagen mental vívida con todo el detalle que puedas para hacer realidad tu visión. Pon tus cinco sentidos para describirla: la vista, el oído, el tacto, el olfato y el gusto. Plantéatela como una realidad que ya se ha cumplido en el presente, no sólo como algo que te limitas a desear o esperar que ocurra. Si al construir tu visión te limitas a esperar que se cumpa tu deseo, si no la estructuras como una realidad tangible hoy mismo, ya, lo que se manifestará es la carencia y el deseo insatisfecho en lugar de la realización de la visión en sí.

Incluye en tu visión las respuestas a las siguientes preguntas:

- ¿Quién vas a *ser*? ¿Qué cualidades y valores encarnarás? ¿Cómo te dirigirás a la gente y qué impresión darás? ¿Cómo será la imagen que tengas de ti mismo?
- ¿Qué *harás* con tu vida cuando poseas estas cualidades y valores? ¿Cómo pasarías un típico día de vacaciones y un típico día de trabajo?
- ¿Qué *tendrás* como resultado de encarnar estas cualidades y de emprender acciones coherentes con ellas? ¿Dónde vivirás? ¿En qué tipo de casa y con quién? ¿De qué posesiones materiales te rodearás? ¿Qué otras cosas (como buenos amigos, abundancia, libertad personal, tranquilidad de espíritu, etc.) tendrás? ¿Qué objetivos alcanzarás?
- ¿A quién ayudarás o favorecerás con estos logros? ¿Va a haber personas, organizaciones o causas especiales que sean una parte importante de tu vida?

- ¿Cómo serán tus relaciones? Imagínate a ti mismo interactuando con amigos, familiares, compañeros de trabajo y todas las personas que llegues a conocer de una manera que refleje tu alta autoestima y la riqueza de tus amistades.

No puedes hacer mal este ejercicio, así que disfruta y diviértete creando tu visión como una persona esplendorosa que se merece las mejores cosas que la vida nos ofrece.

He aquí mi visión, para que te sirva de ejemplo:

Es el 21 de septiembre del 2016. Mi mujer —que se llama Janice— y yo estamos celebrando mi sexagésimo cumpleaños en nuestra finca de invierno de Hana, en la isla de Maui, Hawái, con una fiesta a la que asiste un millar de nuestros amigos más íntimos. La propiedad, que está a la orilla del mar, abarca varias hectáreas en las que hay cascadas y una vegetación exuberante, que acoge centenares de espléndidos pájaros tropicales. Toda nuestra familia y todos los amigos íntimos que hemos hecho en los últimos cuarenta años están aquí. Nuestros amigos consideran nuestra casa hawaiana como un lugar donde relajarse, descansar y recargar las pilas en cuerpo, mente y alma. Nuestras puertas siempre están abiertas para ellos. Disfrutamos de su compañía durante todo el año gracias a sus frecuentes visitas. Pero dividimos nuestro tiempo entre esta finca de invierno en Maui y nuestras casas de primavera, verano y otoño, que están ubicadas en las pintorescas Montañas Blancas de New Hampshire y los maravillosos bosques de Massachusetts.

Hemos consagrado nuestras vidas a aportar algo positivo a los demás y a descubrir más cosas sobre nuestra creciente magnificencia personal. Nuestra empresa, The Center For Personal Reinvention, ha ayudado a millones de personas a tener vidas gratificantes basadas en la elección, la contribución a los demás y el poder personal.

La gente considera el Centro como una de las organizaciones más destacadas del mundo en la tarea de ayudar a las personas a llevar vidas que se desarrollen óptimamente, en paz, armonía y felicidad.

Dedicamos una gran cantidad de tiempo a dar charlas, escribir y orientar e inspirar a otros para que tengan una vida llena de posibilidades. Nuestra meta es acabar con la resignación que consume las vidas de demasiadas personas.

De mi libro *The Magic Lantern: A Fable about Leadership, Personal Excellence and Empowerment,* publicado por primera vez en el 2001, ¡se han vendido 20 millones de ejemplares! A los lectores les ha parecido una ventana para hacer realidad ideas que cambian la vida. La noción que expongo en él sobre los secretos para alcanzar la paz mundial por medio de la creación de interpretaciones que confieren poder ha prendido. Los milenios de paz que predije en él ya están en marcha.

Mi serie de libros *Power to Succeed* está reconocida como el catalizador que ha llevado el discurso sobre el desarrollo personal a millones de hogares. Millones de individuos han puesto en práctica sus principios en la vida. Establece el nuevo criterio para entablar una comunicación eficaz y relaciones que prosperen. Esta obra, *El libro de la autoestima,* ha ayudado a millones de personas a hacer realidad su magnificencia otorgada por la gracia divina y a tener una vida llena de poder, impulsada por las cosas que les apasionan y guiada por su objetivo en la vida.

Ahora me concentro en continuar el desarrollo personal, tanto el mío propio como el de otras personas. Sigo ayudando a gente de todo el mundo a maximizar su eficiencia, su felicidad y su poder por medio de mis charlas en público, mis cursos de trasformación, la orientación personal que proporciono y mis escritos. He sacado una lección de humildad de los miles de personas que se han ofrecido a unirse a nosotros en nuestra visión de influir de manera positiva en las vidas de la gente. Ahora trabajamos conjuntamente con estos amigos para honrar nuestros valores de contribución a los demás, pertenencia al grupo, aventura, abundancia y diversión.

Gente de todas las partes del mundo ha aprendido a ver el establecimiento de contactos personales como un sinónimo de aportación positiva a los demás y desarrollo personal. Mi historia, que ha aparecido en las portadas de las revistas *Success* y *Time,* ha inspirado a miles de personas para disfrutar la vida al máximo y vivirla con pasión. Hemos contribuido a cambiar el viejo paradigma de la lucha constante, el sufrimiento y la resignación. Gracias a nuestros esfuerzos, personas de todo el mundo creen en sí mismas y en su capacidad de ayudar a otros. Países del tercer mundo recaudan miles de millones de dólares cada año a través de redes empresariales basadas en mis programas benéficos. Dado el alto grado de autoestima de tantas personas, las guerras son ya cosa del pasado. La gente en todas partes ha abrazado el nuevo paradigma de vivir en armonía, amor, abundancia y contribución al prójimo.

Estamos en excelente forma física y gozamos de una salud de hierro. Tenemos numerosas relaciones que nos enriquecen. Dedicamos tiempo todos los días a nuestro desarrollo personal y espiritual. El dinero no es ningún inconveniente para nosotros. Tenemos todos los coches, juguetes y demás posesiones materiales que podamos desear. Usamos una gran parte de los ingresos que producen nuestras organizaciones para financiar nuestros proyectos humanitarios globales. Tenemos medios más que suficientes para financiar las docenas de causas interesantes que nos apasionan. Entre ellas está la enseñanza de calidad para todos los niños, programas que defienden la magnificencia de los niños en todo el mundo y ayudan a la gente a superarse y mejorar.

Viajamos por todo el mundo, visitando cada continente y cada país que nos interesa explorar. Muchos de nuestros compañeros han adoptado estilos de vida igualmente gratificantes impulsados por las cosas que les apasionan. Hemos hecho amigos dondequiera que hemos viajado y vivimos la vida como una audaz aventura, siempre en busca del formidable poder de las posibilidades.

Como puedes ver, mi visión es clara y está alimentada por las cosas que me apasionan, mi objetivo en la vida y mis valores. Mejora mi autoestima por medio de las aportaciones que hago a la gente y de aquellos ideales que son más importantes para mí. Me motiva para desarrollarme y sobresalir; y, al hablar de ella, inspiro a otros a unirse a mí en su realización y a crear por sí mismos visiones que les confieran poder.

Las visiones suministran la energía creativa que acelera la metamorfosis por la que la oruga se convierte en mariposa. Nutren nuestras ambiciones, ayudan a aclarar nuestras intenciones y elevan nuestra autoestima hasta el punto de tener el coraje necesario para crearlas, difundirlas de modo que inspiremos a otros y creer en su cumplimiento. Hacen las veces de plano del espléndido castillo que construiremos con los bloques de granito de nuestras acciones y la argamasa de nuestras interpretaciones.

Ahora es tu turno para crear tu propia y exclusiva visión que te dé poder. Por favor, no dejes pasar esta oportunidad de sacar partido de una magia que puede desencadenar la trasformación de tu vida y de la imagen que tienes de ti mismo.

El valor último de una visión es que sirve como lugar motivador del que proceder, más que como un lugar al que encaminarse. Las visiones también son dinámicas: cuando consigas ciertos aspectos de tu visión, ésta evolucionará para incluir nuevos elementos que anteriormente eran imprevisibles. A medida que evolucione tu visión actual, algunos de sus aspectos también cambiarán con el tiempo, incluso dejando de formar parte de ella. Por esta razón, las visiones siempre necesitan una revisión y reevaluación periódicas. Sirven para inspirarte y motivarte a ti y a otros, no para restringir tus opciones y tu vitalidad.

Una vez que hayas creado tu visión y la hayas puesto por escrito, comprométete a leerla dos veces al día sin falta, por la mañana al levantarte y por la noche antes de acostarte. A medida que la visión se convierta en intención y expectativa, tu creencia en que acabe haciéndose realidad contribuirá a su manifestación en el mundo.

Ejercicio: Escribe tu visión personal de poder en primera persona y en tiempo presente. Describe con detalle cómo será cada aspecto de tu nueva vida. Lee tu visión al menos dos veces al día.

Si juegas a lo grande y vives el propósito de tu vida, manejarás bien todos tus temores y pequeñas preocupaciones.

DR. JOE RUBINO

25

Identifica el propósito de tu vida

Ahora que tienes claro cuáles son tus valores más importantes y que dispones de una visión para la vida claramente elaborada, estás preparado para centrarte en aclarar tu objetivo en la vida. Todo el mundo tiene uno; algunos lo están viviendo, pero la mayoría no. Si tu autoestima es baja, es que no estás viviendo el tuyo plenamente.

Para averiguar cuál es tu objetivo en la vida tienes que encontrar tu «punto ideal» en el panorama de conjunto del mundo. Lo vives cuando honras tus valores clave y tus días trascurren con la vitalidad resultante de hacer lo que te encanta hacer al tiempo que compartes tus dones con el mundo. Tu objetivo en la vida siempre implicará a otras personas. Nunca será egoísta ni se referirá sólo a ti. Conlleva colaboración y servirá a tu autoexpresión natural. Al vivirlo sentirás que eres lo que estabas destinado a ser.

Tu objetivo en la vida no tiene por qué ser complicado o largo de explicar. De hecho, será más poderoso cuando lo puedas expresar con unas pocas palabras bien escogidas. Representa la esencia de tu ser. Es probable que se trate de aquello por lo que has sido conocido hasta donde alcances a recordar, sobre todo antes de que tu autoestima empezara a resentirse. Para muchos, es lo que siempre han querido ser o hacer cuando eran más jóvenes. Puede que esté relacionado con una pasión en concreto o que gire en torno a una causa u obra de beneficencia favorita. Es la persona que eres de verdad en el fondo de tu ser.

Cuando vives tu objetivo en la vida es cuando estás más vivo y contribuyes a los demás con tus dones especiales.

Para aclararte al identificar tu objetivo en la vida, piensa en algunas de las personas que más respetes en el mundo. ¿Qué tienen de especial estas personas para que las admires tanto? Si te concedieran un deseo para el mundo, ¿qué escogerías? Si fueras independiente económicamente y no tuvieras restricciones, ¿cómo pasarías el resto de tu vida? Si pudieras dejar un legado al mundo, ¿cuál sería?

Todas estas preguntas deberían ponerte en la dirección de identificar aquellas cualidades o actividades que harían que tu vida tuviera un gran sentido y que tu autoestima aumentara espectacularmente.

Aquí tienes algunos ejemplos de objetivos en la vida:

- Soy todo amor.
- Enseño a la gente a reír y a divertirse.
- Inspiro a todos a hacerlo lo mejor que puedan.
- Traigo paz al mundo.
- Defiendo a las mujeres.
- Comparto amor a través de los animales de compañía.
- Abandero la igualdad de derechos.
- Inspiro a la gente a vivir con pasión.
- Soy un maestro.
- Entablo y cultivo relaciones y ayudo a la gente a integrarse en el grupo.
- Ayudo a las personas a ser ellas mismas.
- Alivio el sufrimiento y ayudo a la gente a curarse.
- Abogo por los pobres y los desvalidos.
- Soy un buen comunicador.
- Defiendo a los niños.
- Inspiro aventuras.
- Creo belleza.
- Ayudo a hacer más fáciles las vidas de la gente.

Ejercicio: Piensa en estas preguntas y anota las respuestas en tu diario.

- ¿Cuál es *tu* objetivo en la vida?
- ¿Cómo lo vas a manifestar en el mundo?
- ¿Qué pondrás en juego para vivirlo?
- ¿Qué valores clave honra tu objetivo?
- El hecho de vivirlo, ¿cómo eleva tu autoestima?

(He de dar aquí las gracias a Carol McCall; he adaptado lo anterior de su taller «Design Your Life»).

Una visión sin acción es un autoengaño.

DR. JOE RUBINO

26

Establece objetivos y diseña un plan de acción para tu vida

Usando la visión que has creado, ahora vas a diseñar un plan de acción que te conduzca hacia su realización. Por supuesto, las visiones son ambiciosas por naturaleza y no es normal que se cumplan de un día para otro. De modo que traduce todos los aspectos de tu visión en objetivos y acciones realizables que contribuyan a alcanzar tus objetivos generales.

Te sugiero que dividas tu plan global en áreas más específicas en las que concentrarte:

- Salud y aspecto físico.
- Riqueza, finanzas, carrera, ocupación.
- Relaciones.
- Familia.
- Desarrollo personal o espiritual.
- Esparcimiento y diversión.

Hablemos primero de tus metas. Las metas son objetivos a plazo fijo, objetivos que te esfuerzas por cumplir en una fecha determinada. En otras palabras, se basan en el tiempo. Las metas ambiciosas te exigirán mucho, te animarán a crecer y a arriesgarte a salir del terreno conocido. Sin embargo, no deberían exigirte tanto esfuerzo que no puedas alcanzarlas dentro del margen de tiempo esperado. Las metas que motivan y confieren poder se establecen como un lugar de donde proceder, no como uno al que hay que llegar. Las metas que valen la pena inspiran a la acción. Una función primaria del establecimiento de metas es inspirarte para que te embarques en la persecución de algún logro. Esta búsqueda con frecuencia es más importante desde el punto de vista del desarrollo personal y el aprendizaje que el logro en sí mismo. El establecimiento de metas debería servir para dar poder a tus actos y alimentar tu autoestima. El fracaso es siempre una interpretación indeseable e innecesaria a la que decidimos renunciar para felicitarnos a nosotros mismos por el coraje que hemos demostrado al perseguir la meta. Dicho esto, si por alguna razón no alcanzamos nuestra meta en la fecha esperada, podemos simplemente fijarnos una nueva, sabiendo que nos ha enriquecido la experiencia que hemos conseguido al poner valientemente todo nuestro empeño en llegar a ella. Entonces simplemente nos preguntamos: «¿Qué es lo que nos ha faltado hacer que, cuando lo hagamos, nos ayudará a alcanzar nuestra próxima meta?».

Dicho esto, comencemos.

Con respecto a cada una de las siguientes áreas:

- Salud y aspecto físico.
- Riqueza, finanzas, carrera, ocupación.
- Relaciones.
- Familia.
- Desarrollo personal o espiritual.
- Esparcimiento y diversión.

1. ¿Cuáles son tus metas a largo plazo? Estamos hablando de plazos de cinco, diez, quince o veinte años.
2. ¿Cuáles son tus metas para este año? Estamos hablando tanto de los objetivos que tratarás de alcanzar como de aquellas acciones que te ayuden a conseguirlo.
3. ¿Cuáles son tus hitos a tres, seis o nueve meses vista? Los hitos son metas provisionales que alcanzarás de camino a cumplir tus objetivos a más largo plazo.

4. A continuación te ofrezco algunos ejemplos de respuestas a las preguntas anteriores. Representan las metas de una profesional de treinta y cinco años de edad. Las tuyas reflejarán tus propios sueños y valores. En estos ejemplos pretendo mostrar una amplia gama de intereses, combinando tanto la persecución de logros como las metas de acción propiamente dicha.

Salud y aspecto físico

1. Mi meta a cinco años vista es estar en mi peso ideal de 56 kilos con un 17 por 100 de grasa corporal, en buena forma física y sana de mente, cuerpo y espíritu. Tener una apariencia y una actitud atractivas como corresponde a una persona con alta autoestima. Esto incluye disponer de un amplio guardarropa a la moda y estar bien cuidada y arreglada, con una excelente salud dental y física.
2. Mi meta para este año es arreglarme la dentadura y mejorar mi aspecto, ponerme en forma mediante un programa de ejercicio supervisado y perder 22 kilos, rebajando mi peso a 63 kilos.
3. Mi hito a tres meses vista es que me pongan fundas en los dientes de arriba, bajar mi peso a 79 kilos y empezar mi programa de entrenamiento. Mi hito a seis meses vista es pesar 69 kilos y tener un 25 por 100 de grasa corporal. Mi hito a nueve meses vista es pesar 65 kilos y tener un 22 por 100de grasa corporal.

Riqueza, finanzas, carrera, ocupación

1. Mi meta a cinco años vista es tener 100.000 dólares ahorrados y trabajar desde mi casa como directora de mi propio y próspero negocio con unos ingresos mensuales de 20.000 dólares. Mi meta a diez años vista es tener ahorrados 250.000 dólares y supervisar una organización de 50.000 a través de mi negocio, que genera unos ingresos mensuales de 40.000 dólares. Mi meta a veinte años vista es estar felizmente jubilada a la edad de 55 años con 5 millones de dólares en mi plan de jubilación, activos adicionales por valor de 10 millones de dólares y unos ingresos residuales de 75.000 dólares al mes.

2. Mi meta para este año es saldar toda la deuda de mi tarjeta de crédito, ahorrar 20.000 dólares y crear un próspero negocio casero que produzca 6.000 dólares al mes.

3. Mi hito a tres meses vista es seleccionar una empresa para asociarme con ella al constituir mi negocio desde casa. Mi negocio estará firmemente establecido y producirá unos ingresos de 2.000 dólares mensuales en mi hito a seis meses vista. Asumiré progresivamente niveles cada vez más altos de liderazgo y estaré ganando 4.000 dólares al mes en mi hito a nueve meses vista.

Relaciones

1. A cinco años vista, mis relaciones serán enriquecedoras y muy gratificantes. Tendré un centenar de amigos íntimos.

2. Mi meta para este año es terminar con todas las relaciones pasadas que merman mi energía y disminuyen mi felicidad y mi autoestima.

3. Dentro de tres meses me habré puesto en contacto con mis amigos Mark y Mary para reparar nuestra deteriorada relación y reconciliarme con ellos. Me inscribiré en un club social con el objetivo de hacer al menos tres nuevos amigos. Dentro de nueve meses me habré unido a una entidad benéfica y habré hecho diez nuevos amigos íntimos.

Familia

1. A partir del quinquenio que viene, las interacciones con mi familia se caracterizarán por el apoyo mutuo y una comunicación cariñosa. Tendremos una reunión familiar anual para vernos de nuevo y estrechar nuestros vínculos. La relación con mi marido será íntima y gratificante. Tendremos dos hijos sanos y maravillosos.

2. Mi meta para este año es mantener una comunicación sana, abierta y de apoyo con todos mis hermanos y hermanas. También tendré al menos dos «citas» a la semana con mi marido para salir por la noche.

3. Dentro de tres meses habré restablecido la comunicación con mi hermano Tim, del que me había distanciado. Dentro de seis, habré organizado nuestra primera reunión familiar en Orlando, Florida. Dentro de nueve, habré establecido la costumbre de mantener gratificantes

conversaciones telefónicas semanales con cada uno de mis hermanos y hermanas así como con mamá y papá. Habré reservado tiempo las noches de los viernes y los sábados para estar a solas con mi marido o para reunirnos con nuestros amigos.

Desarrollo personal o espiritual

1. A partir del quinquenio que viene, me habré establecido como una consumada oyente y orientadora personal. Participaré en un programa diario de desarrollo personal conjuntamente con otros individuos con la misma mentalidad que la mía. Tendré una estrecha relación con Dios, que se manifestará en mi esfuerzo por ayudar a aquellos que son menos afortunados que yo. Seré cofundadora de un centro de acogida para personas sin techo en Chicago, Illinois.

2. Dentro de un año, habré completado un programa formativo como orientadora. Seré miembro de una iglesia que comparta mi visión de la espiritualidad.

3. Dentro de tres meses me habré apuntado a un programa formativo como orientadora de un año de duración. Habré adquirido la costumbre de dedicar al menos media hora al día a mi desarrollo personal. Esto incluirá leer libros, escuchar cintas magnetofónicas y ver vídeos sobre temas relacionados con el desarrollo personal. También habré contratado a un orientador personal para que me ayude a alcanzar mis metas y a ser responsable. Habré elegido una iglesia a la que unirme. Seguiré con estas actividades a lo largo de todo el año.

Esparcimiento y diversión

1. Mi meta a cinco años vista es ser una jugadora de tenis y golf de nivel intermedio, y practicar ambos deportes al menos una vez por semana. También me tomaré vacaciones al menos seis veces al año, y viajaré por el mundo con mi marido, mi familia y los amigos. Mi meta a diez años vista es haber visitado todos los países libres del planeta.

2. Mi meta para este año es aprender a jugar al tenis. También reduciré mi hándicap de golf de 35 a 20 gracias a jugar como mínimo dos veces por semana. En el plazo de un año habré viajado, por lo menos, a tres

destinos exóticos. Pasaré por lo menos una hora diaria jugando con mi hijo.

3. Mi hito a tres meses vista será empezar mis lecciones semanales de tenis y golf. Habré hecho un viaje al extranjero de vacaciones con mi cónyuge. Pasaré al menos media hora diaria divirtiéndome con mi familia. Dentro de seis meses, me comprometo a que este espacio de tiempo aumente a un mínimo de una hora al día. Me habré tomado unas segundas vacaciones, en este caso un crucero por el Caribe con mi familia. Dentro de nueve meses, habré viajado a Egipto con mi marido de vacaciones, las terceras del año.

Otras metas: SER

1. Mis metas a cinco años vista incluyen ser conocida como una orientadora capaz de cambiar la vida de las personas. También tendré una alta autoestima, que se reflejará en las cualidades de la humildad, la confianza, la autenticidad y la preocupación por los demás.

2. Estas mismas cualidades serán evidentes de aquí a un año.

3. Estas mismas cualidades serán visibles a partir del trimestre que viene. Hoy por hoy, declaro que soy un ser humano humilde, lleno de confianza, auténtico y colaborador.

Otras metas: HACER

1. A cinco años vista, mi trabajo reflejará mi objetivo en la vida de ayudar a los pobres y los oprimidos. Para hacerlo hablaré en público a favor de estas causas, trabajaré en la junta directiva del centro de acogida para personas sin techo y haré uso de mis conexiones empresariales.

2. Dentro de un año me habré convertido en una consumada oradora, y habré hablado ante un auditorio de por lo menos quinientas personas.

3. Dentro de tres meses habré asistido a cinco reuniones como encargada de proponer los brindis y presentar a los oradores y habré hecho tres exposiciones a nuestro grupo. Dentro de seis meses, habré dado mi primera charla ante el grupo feminista Pioneras de Chicago. Dentro de nueve meses, habré hablado ante un grupo de cien líderes municipales a través de mi iglesia.

Otras metas: TENER

1. A cinco años vista, poseeremos una casa de estilo colonial estadouni-
dense con cinco dormitorios y un valor de medio millón de dólares en
Lake Winapog, en el centro de Michigan. Conduciré un nuevo Jaguar
descapotable y mi marido tendrá un flamante Jeep Cherokee.
2. Mi meta para este año es mudarme a una nueva casa en el área periférica de Chicago con mi familia.
3. Mi hito a tres meses vista es encontrar una emplazamiento en el área
periférica de Chicago para reubicar a mi familia. Mi hito a seis meses
vista es pagar la entrada del terreno en el que construiremos nuestro
hogar. Mi hito a nueve meses vista es iniciar la construcción de esta
nueva casa.

Ejercicio: Con respecto a cada una de las siguientes áreas:
- Salud y aspecto físico.
- Riqueza, finanzas, carrera, ocupación.
- Relaciones.
- Familia.
- Desarrollo personal o espiritual.
- Esparcimiento y diversión.

1. ¿Cuáles son tus metas a largo plazo? Establece para ellas un límite de
tiempo de cinco, diez, quince o veinte años.
2. ¿Cuáles son tus metas para este año?
3. ¿Cuáles son tus hitos a tres, seis o nueve meses vista?

De manera similar, anota ahora las respuestas
a estas preguntas en tu diario.

Construimos nuestra autoestima a base de pensamientos que nos confieren poder, de uno en uno.

DR. JOE RUBINO

27

El poder de un compromiso de acción diario

Hay una antigua adivinanza que dice así: «¿Cómo te comerías un elefante?». La solución, naturalmente, es: «¡De bocado en bocado!».

El concepto de compromiso de acción diaria refleja esta misma sabiduría. Conlleva la promesa de tomar parte en alguna acción especifica definitiva todos y cada uno de los días hacia el cumplimiento de todas tus metas y en apoyo de la nueva imagen de ti mismo. Aprovecha el poder de la actividad constante (día tras día) y persistente (hasta que alcanzas un objetivo) a fin de llevar a cabo un logro que valga la pena. Al adoptar un compromiso de acción diaria en cada área de tu vida, harás metódicamente progresos diarios hacia la consecución de todas tus metas.

Con dicho compromiso tendrás que abordar específicamente los resultados particulares que esperas conseguir.

En las seis áreas de la vida, aquí tienes algunos ejemplos de poderosos compromisos de acción diaria. Todo lo que viene a continuación es para hacerlo todos los días.

Salud y aspecto físico

- Treinta minutos de ejercicio.
- Tomar comidas sanas.
- Evitar los alimentos ricos en grasas o fritos en aceite muy abundante.
- Caminar cinco kilómetros.
- Evitar el alcohol y el tabaco.
- Limpiarse los dientes con hilo dental.
- Cepillarse los dientes por lo menos tres veces.
- Bañarse o ducharse y acicalarse.
- Vestir bien para mostrarse en público.
- Levantar pesas.
- Practicar un deporte.
- Hacer ejercicio en un gimnasio.

Riqueza, finanzas, carrera, ocupación

- Ahorrar cuarenta dólares cada día.
- Invertir cuarenta dólares al día.
- Leer durante media hora cosas relacionadas con el manejo de las finanzas.
- Enviar el currículum a cinco personas.
- Conocer a dos personas nuevas en el trabajo.
- Emprender una acción audaz en el trabajo que le obligue a uno a salir del terreno conocido.
- Asistir a un curso para perfeccionar tu educación.
- Fortalecer una relación en el trabajo.

Relaciones

- Hacer un nuevo amigo.
- Ponerse en contacto con un viejo amigo.
- Dar las gracias a alguien por su contribución.
- Terminar con una relación tirante cada día hasta que no queden relaciones tirantes.
- Ayudar a otras tres personas a hacer lo mismo.

Familia

- Hacer algo bueno por cada miembro de la familia.
- Decirles a todos los miembros de la familia que se les quiere.
- Perdonar sus defectos a todos los miembros de la familia.
- Decirles a tus hijos algo agradable acerca de ellos.
- Celebrar al menos una comida en familia.
- Pasar por lo menos media hora hablando en familia.
- Pasar como mínimo media hora disfrutando de la compañía de los familiares más cercanos.

Desarrollo personal o espiritual

- Leer algo inspirador durante media hora.
- Escuchar cintas magnetofónicas de desarrollo personal en el coche mientras se conduce.
- Orar, meditar o rendir culto a la propia manera durante al menos media hora.
- Hacer algo bueno por alguien menos afortunado que uno.
- Tener una conversación telefónica orientadora de media hora.
- Presentar un informe de responsabilidad de un cuarto de hora ante los orientadores de uno.
- Incorporar un nuevo principio de desarrollo personal extraído de algún libro sobre el tema, como por ejemplo *The Power to Succeed,* del Dr. Joe Rubino.

Esparcimiento y diversión

- Pasar al menos media hora haciendo algo que le encante a uno.
- Jugar a algún juego.
- Dar un paseo.
- Pasar media hora con el orientador en diversiones de uno. (Los niños pequeños son los mejores en este terreno. Contrata hoy mismo los servicios de uno para que sea tu orientador particular.)
- Practicar una afición durante cierto tiempo cada día.
- Hacer algo divertido con el cónyuge de uno o con un amigo.

Y, en el área de construir tu autoestima,

Ayúdate a ti mismo:

- Date las gracias por haber hecho algo encomiable.
- Perdona a alguien.
- Perdónate a ti mismo.
- Date el capricho de comprarte algo especial.
- Adquiere una nueva costumbre que te haga sentir bien.
- Lee un capítulo de algún libro sobre desarrollo personal.
- Escucha cintas magnetofónicas inspiradoras durante media hora.
- Ten una sesión de una hora con tu orientador particular.

La puesta en práctica metódica de tu compromiso de acción diaria, ¿producirá los resultados que deseas?

Ejercicio: por favor dedica unos minutos ahora a anotar tu compromiso de acción diaria en cada una de las seis áreas de la vida.
- Salud y aspecto físico.
- Riqueza, finanzas, carrera, ocupación.
- Relaciones.
- Familia.
- Desarrollo personal o espiritual.
- Esparcimiento y diversión.

Hazte diariamente esta pregunta: «¿Qué es lo que falta en mi compromiso de acción diaria que sostendría mejor mi autoestima, mis valores, mis metas y mi visión?». Luego coge tus respuestas e introdúcelas en tu plan para mañana.

De la misma manera, repasa cada área de tu vida e identifica aquellas acciones que mejor contribuirían a la consecución de tus metas si las realizaras semanal y mensualmente, en vez de a diario. Estos compromisos de acción semanal y mensual se combinarán con tus compromisos de acción diaria para abarcar todas las actividades regulares y repetibles que van a contribuir a que seas la persona que has decidido ser.

Cómo ocuparse de las dificultades

Por supuesto, en cuanto definas tus metas y hagas compromisos, puedes contar con que surgirán dificultades que amenazarán con desbaratar los planes que has hecho con tanto esmero. Si persigues tus objetivos desde la perspectiva de la comodidad y no del compromiso, es probable que te enfrentes a una crisis cuando tu búsqueda ya no sea muy cómoda. Tendrás que prever que surgirán problemas y que debes llegar al firme compromiso de hacer lo que haga falta para encontrar el modo de superarlos eficazmente si quieres no salirte del camino que lleva hacia el cumplimiento de tu visión. En lugar de temer que aparezcan problemas, decide aceptarlos cuando se presenten. Todo problema contiene los dones necesarios para superarlo. El compromiso de manejar de manera eficaz los problemas implica hacer lo que sea necesario para aguantar hasta el final. Siempre hay una forma de lograrlo para todos aquellos que se comprometen a encontrarla.

Nuestra sociedad cree firmemente que los problemas son malos y que hay que evitarlos, y que las personas que tienen problemas de alguna manera se los buscan. Cambia tu interpretación para aceptar los problemas y busca los dones que esconden. No caigas en la trampa de pensar que tener un problema significa que hay algo malo en ti. Si lo haces, dañarás innecesariamente tu autoestima.

DR. JOE RUBINO

28

Pon en práctica una estructura de responsabilidad

Si has sido perseverante y has hecho todos los ejercicios sugeridos hasta ahora, te felicito por tu grado de compromiso para reinventarte a ti mismo y para elevar tu autoestima. Sin embargo, a pesar de tener la mejor de las intenciones, de vez en cuando las dificultades de la vida obstaculizan el seguir adelante con tu plan de acción. Por esta razón, desarrollarás tu excelencia creando una estructura de responsabilidad para asegurarte de llegar hasta el final en lo que te has comprometido a hacer.

Hay muchas estructuras de responsabilidad posibles:

✓ Contratar a un orientador para que te ayude a asumir tu responsabilidad y a hacer progresos. Muchas organizaciones, incluyendo nuestra propia empresa, The Center for Personal Reinvention, proporcionan orientadores expertos tanto para los negocios como para la vida en general que te ayudarán a diseñar deliberadamente tu vida o tu negocio.

✓ Quedar con amigos con ideas afines que se hayan comprometido a llevar a cabo su propio plan de acción para la vida. Ponte de acuerdo para hablar semanalmente a fin de responder a las preguntas que vamos a exponer enseguida. Mantén una conversación telefónica o reúnete con un amigo o con un pequeño grupo de amigos una vez a la semana.

✓ Crea un grupo de apoyo por correo electrónico. Puedes crear un grupo así gratis en www.yahoogroups.com. Invita a los miembros a informar de sus progresos a diario o semanalmente, dependiendo de lo que decidáis de manera colectiva.

En tus informes, responde en pocas palabras a las siguientes preguntas:

1. ¿Cuál es tu compromiso de acción diaria?
2. ¿Lo cumpliste ayer? Si no es así, entonces ¿qué hiciste?
3. ¿Qué funcionó bien?
4. ¿Qué te faltó hacer que, si lo hicieras, te ayudaría a ser mejor mañana?
5. ¿Qué vas a hacer a continuación?

Las respuestas a estas preguntas no deberían requerir más que unas pocas frases en un mensaje por correo electrónico. Un informe telefónico no debería durar más de cinco minutos por participante. Cualquier otra dificultad se puede abordar mejor en una conversación aparte estando presentes los orientadores adecuados para ayudarte a hacer progresos.

Te resultará muy útil contar con una buena estructura para solucionar los problemas a medida que se presenten. Puede tratarse de:

✓ Un grupo de «cerebros» o «intelectuales» para hacer una tormenta de ideas y encontrar posibilidades.

✓ Un orientador para que te ayude y te asesore.

✓ Un equipo al que recurrir formado por entendidos en las áreas que cubren tus objetivos.

✓ Material de de investigación y de consulta sobre las cosas que pretendes realizar.

✓ Un programa eficaz para administrar tu tiempo que te permita priorizar y programar tus compromisos.

Todos los hombres extraordinarios que he conocido se consideraban a sí mismos extraordinarios.

WOODROW T. WILSON

29

Felicítate a ti mismo a diario

Ya has visto como asumir la responsabilidad de vivir en consonancia con tu visión puede darte satisfacción y pasión al tiempo que honras tus valores. Esto, a su vez, ayuda forzosamente a elevar tu autoestima. De todas formas, si estás acostumbrado a juzgarte con dureza, necesitarás reconocer esta tendencia y decidir en cambio agradecerte a ti mismo algún logro encomiable todos los días.

Adquiere la costumbre de fijarte en las cosas que haces bien. Felicítate y alábate *siempre* que te sorprendas a ti mismo haciendo algo loable. A medida que vayas reconociendo mejor las numerosas ocasiones de distinguirte, te ayudarás a ti mismo a alcanzar nuevas cotas de forma regular.

A medida que te ocupes de tus asuntos cotidianos, visualiza las oportunidades de estar orgulloso de ti mismo como si estuvieras en la bifurcación de una carretera. El desvío de la izquierda conduce a la posibilidad de actuar como de costumbre, de una manera que empeora la opinión que tienes de ti mismo. Este camino implica culpabilidad, defectos y «deberías». Tomarlo supone seguir el camino fácil, familiar y trillado, sólo para lamentar tu decisión más tarde. Puede parecerte que haces lo que conviene apartándote de tu poder, no comunicándote con energía o traicionando temerosamente a la otra persona por pasar por encima de algo. Puede significar la decisión de parecer bueno o caer bien en vez de hacer caso a tu intuición.

El desvío de la derecha, el camino del corazón, conlleva que te arriesgues valientemente para honrar tus valores. Implica decir la verdad y actuar en sintonía con tus compromisos. Es hacer lo que sabes en el fondo de tu corazón que es lo correcto. Cuando decides tomar este camino, construyes tu autoestima al vivir en armonía con tu visión.

Cuanto más te decidas a tomar conscientemente este camino, más fácil te resultará la decisión. Así que, para construir tu autoestima, adquiere práctica en ayudarte a ti mismo y en reconocer tus logros cada vez que hagas bien un trabajo.

Recuerda siempre que, como seres humanos que somos, nadie es perfecto. Cada vez que cometas un error, limítate a perdonarte a ti mismo, reparar cualquier perjuicio y comprometerte a hacerlo mejor la próxima vez. Para poder perdonar y amar a los demás, antes tienes que perdonarte y amarte a ti mismo. Al construir tu propia autoestima, tendrás la capacidad de ayudar a otros a hacer lo mismo.

Selecciona uno o más asociados para el reconocimiento mutuo y ponte de acuerdo con él o ellos para apoyaros mutuamente a diario con el siguiente ejercicio.

Ejercicio: Cada día que pase, identifica algo especial acerca de tu persona. Sorpréndete a ti mismo haciendo algo encomiable. Busca un valor que te distinga como el ser humano digno, incluso extraordinario, que eres. Elige una cualidad que te describa a ti o que describa los progresos que haces en tu plan de desarrollo personal. Reconoce una fortaleza en especial que aprecies en ti mismo. Luego redacta un párrafo de por lo menos cien palabras describiendo cómo encarnas esta característica. Escríbelo como si estuvieras honrando a un amigo muy especial y querido en un banquete de entrega de premios. No hay lugar para la modestia en este ejercicio. Tu informe debe ser un reconocimiento orgulloso y elocuente de tu magnificencia con respecto a este tema.

Haz que tus asociados para el reconocimiento mutuo hagan lo mismo en cuanto a una cualidad admirable por la que se feliciten a sí mismos. Si os comunicáis por correo electrónico, enviaros vuestros resúmenes cada día los unos a los otros de ese modo. Si no, utilizad el fax, el correo ordinario o el teléfono para pasaros vuestros reconocimientos sin falta a diario.

Puntúa los párrafos de tus asociados de 1 a 10, siendo el 10 un gran trabajo en cuanto a reconocer el atributo especial de cada uno. Si los calificas con menos de un 10, sugiéreles lo que te parezca que les falta para ayudarles a hacer realidad su grandeza con respecto al rasgo que han reconocido.

Aquí tienes tres ejemplos de reconocimiento de atributos de este tipo:

Rasgo número 1: coraje

Hoy me felicito a mí misma por mi formidable valor. Soy un ser humano valiente y extraordinario. Podría con mucha facilidad haberme regodeado en la autocompasión que mataría mi espíritu y haber renunciado a mis sueños, haberme escondido; pero yo no soy así. Esta mañana me vestí y me fui al gimnasio con la intención de hacer como mínimo un nuevo amigo. Con este compromiso en mente, me dispuse a buscar varios individuos a los que decir hola y con quienes intercambiar sonrisas y cumplidos. Escogí una cinta de correr junto a la persona con la que me propuse entablar amistad. Le sonreí, la felicité por su dedicación a la sesión de ejercicios y me presenté. Ella hizo otro tanto y, antes de darnos cuenta, comprendimos que teníamos muchas cosas en común. El tiempo pasó volando mientras averiguábamos más cosas la una de la otra. Descubrí, por ejemplo, que a ambas nos gusta jugar al tenis. Le pregunté si le gustaría jugar conmigo alguna vez y se mostró encantada. A su vez, sugirió que hiciéramos planes para hacer ejercicio de nuevo juntas. Estoy muy orgullosa de mí misma por haber desplegado un coraje y una determinación tan increíbles. Soy una mujer muy valiente, y ¡he hecho una gran amiga!

Rasgo número 2: gran oyente

Hoy me felicito a mí mismo por ser un gran oyente. Esta cualidad es una extraordinaria contribución a otras personas. En vez de concentrarme sólo en mis propias prioridades, con frecuencia ofrezco el don de la escucha para sanar a otros. Escucho sin juzgar a mi interlocutor y sin interrumpir. Las personas que hablan conmigo salen de la conversación con la sensación de que las han escuchado de verdad. Ésta es una forma estupenda de ayudar a otros a tratar sus problemas mientras valido su amor propio. Cuando sigo escuchando a los demás, estoy ofreciendo este gran don mío. Cada vez que contribuyo a mejorar la imagen que alguien tiene de sí mismo al prestarle atención, hago lo mismo por mí. ¡Qué persona tan formidable y valiosa soy!

Rasgo número 3: indulgencia

Hoy me felicito a mí misma por saber perdonar. He renunciado al derecho a la autocompasión y reconozco que todo el mundo comete errores. La primera persona a la que he perdonado hoy ha sido a mí misma. Me doy cuenta de que lo único que puedo hacer cada día es esmerarme en hacerlo lo mejor posible. Cuando fastidio las cosas, lo único que tengo que hacer es reconocer mi error, perdonarme a mí misma y comprometerme a hacerlo mejor la próxima vez. También perdono a mi marido, Bill, por perder los estribos conmigo. Sé que lo hace lo mejor que sabe. Cuando me grita es problema suyo, no mío, y me niego a tomármelo como algo personal. Le perdono por estos deslices y le muestro mi amor a cambio en cada ocasión. Veo que eso hace maravillas para calmarle y comprendo su falta de paciencia. Me doy cuenta de que esta cualidad es un extraordinario apoyo para mi felicidad. ¡Qué gran ser humano soy!

Ejercicio: comprométete a realizar esta acción durante los próximos treinta días como mínimo. Pronto se convertirá en una costumbre que te ayudará a reconocer todas tus excepcionales cualidades.

Porque todo aquel que pide, recibe; y el que busca, halla; y al que llama, se le abrirá.

MATEO 7, 8

30

Asume la responsabilidad de tus necesidades haciendo peticiones

Como seres humanos que somos, todos poseemos diversas necesidades que hay que satisfacer para que tengamos una vida satisfecha y feliz. Comprenden desde las necesidades físicas básicas, como la nutrición, la ropa, un techo bajo el que refugiarse, etc., hasta otras necesidades igualmente importantes, las emocionales: amar y ser amado, estar integrado en el grupo, ser respetado. También necesitamos intimidad física tanto en el terreno sexual como en el emocional. Y cuando satisfacemos estas necesidades, aparecen otras. Entre ellas están las necesidades intelectuales, como la de buscar un trabajo satisfactorio, la necesidad de jugar, divertirse y practicar actividades recreativas, y la necesidad de encontrar el sentido de la vida. Aquellos que carecen de una sana autoestima a menudo desatienden sus necesidades, resignados a ello por considerarse indignos.

Una costumbre que ayuda a mantener la autoestima alta es asumir la responsabilidad plena de hacer que la vida se desarrolle óptimamente. Esto se traduce en encargarse de atender todas las necesidades propias. La responsabilidad nunca tiene que ver con la culpabilidad, las cargas o los defectos. No implica juicios críticos, culpa ni vergüenza. Existe sólo en el presente, como una forma de empoderamiento; nunca en el pasado,

159

nunca como un modo de reforzar una antigua opinión negativa. Con demasiada frecuencia, nuestra sociedad sostiene un concepto de responsabilidad que limita, ata y confunde. Vemos la responsabilidad como algo que hay que evitar en vez de como algo que contribuye a nuestra excelencia.

A diferencia de esta definición, te invito a considerar la responsabilidad como un don que puede ayudar a que la vida se desarrolle del modo más favorable. Piensa en la responsabilidad desde el punto de vista de que es tu derecho natural a satisfacer activamente tus necesidades, a alimentar tu grandeza y a encontrar la felicidad. Asume la interpretación de que es obligación tuya asegurar que todos los aspectos de tu vida contribuyan a tu enriquecimiento y tu felicidad. Desde esta perspectiva, tú eres el origen de todo lo que aparece en tu mundo. Si tu intención es vivir bien y tener una alta autoestima, tendrás que actuar sobre estas circunstancias viviendo de una forma intencionada. Te mereces lo mejor que la vida nos ofrece. Si, por el contrario, justificas la lógica que te impide innecesariamente atender tus necesidades, restarás calidad a tu vida y reforzarás tu baja autoestima.

La vida es un baile, y hacen falta por lo menos dos personas para participar en él. Si no te gusta el paso de baile que estás haciendo, te corresponde a ti cambiarlo. Cuando lo hagas, otros seguirán tu ejemplo y cambiarán también el suyo. Debes enseñar a los demás cómo deben interactuar contigo. Si te parece que la gente no honra tus valores o no te muestra el suficiente respeto, asume la responsabilidad de cambiar tu papel en el baile. Niégate a soportar comportamientos abusivos o condescendientes que no sean apropiados para la persona que has decidido ser.

Una buena manera de hacer realidad la intención de satisfacer tus necesidades como te mereces es hacer peticiones poderosas. Demasiado a menudo, aquellos que carecen de una sana autoestima no piden lo que desean o necesitan. Esto se deriva del convencimiento de no ser digno de recibir. Las personas con baja autoestima con frecuencia se concentran en satisfacer las necesidades de otros en lugar de las suyas. Suelen abstenerse de pedir lo que necesitan debido al temor de verse rechazadas. Dependen de una lógica distorsionada según la cual no podrán rechazarlas si no piden nada. De lo que no se dan cuenta es de que tampoco conseguirán lo que necesitan si no tienen el valor de identificar lo que es y de pedirlo.

Las peticiones son los motores que impulsan el tren de la acción. Diariamente, presta atención a cómo puedes influir en las situaciones y conseguir que la gente se mueva en una dirección positiva pidiendo cosas. Para hacer tus peticiones con poder, dirígelas a los individuos concretos que son más capaces de atenderlas. Exponlas con claridad y básalas en el tiempo, asociándolas a una fecha específica de concesión. Una petición poderosa se podría expresar así: «Te pido por favor que hagas la cosa x en la fecha y». Toma en consideración también lo que sabes sobre la otra persona para determinar por qué debería acceder a tu petición.

Si entiendes bien las razones que hay detrás de tu petición y todos los detalles que hay a favor de que te la concedan, tendrás muchas más posibilidades de que la otra persona la comprenda y acceda a ella. Lo mejor es que la formules de una manera simple, directa, fácil de entender y que se pueda conceder fácilmente. No eches la culpa a nadie ni hagas insinuaciones de que alguien está equivocado. Exponla con energía y convincentemente, como lo haría una persona con elevada autoestima. Tu actitud confiada y la energía positiva y libre de prejuicios que comunicas te ayudarán a ser escuchado y a conseguir que concedan tu petición.

Al hacer peticiones claras y concretas directamente a aquellos que pueden satisfacer tus necesidades, asumes la responsabilidad de asegurar que tu vida se desarrolle óptimamente. Recuerda que, como ocurre con todas las peticiones, la otra persona tiene la opción de acceder a la tuya, rehusar, hacer una contraoferta o pedir más tiempo para considerar la cuestión. Tu poder emana de hacer peticiones con la esperanza de que te las concedan pero sin excesivo apego. Para que la otra persona no se sienta coaccionada para acceder a tu solicitud, debe tener la posibilidad de negarse si no es conveniente para ella. No olvides que el que alguien conceda o deniegue tu petición no tiene nada que ver con tu valía como persona. Cuando solicitas algo, tu capacidad de dar a la otra persona razones validas para que considere en serio tu solicitud te ayudará a conseguir que acceda. Siempre que sea posible, explica de qué modo la concesión de tu solicitud os beneficiará mutuamente a ambos. El hecho de pedirlo elevará tu autoestima. Date cuenta de tu capacidad de influir en tu mundo con confianza y rapidez.

Ejercicio: diariamente, haz al menos tres peticiones que honren tu valía como la persona de mérito que eres.

La calidad de nuestra vida es directamente proporcional a la calidad de nuestras relaciones. Para hacer que las relaciones funcionen, debemos dar a los otros el espacio necesario para que sean como son, sin emitir juicios críticos sobre ellos. Cuando los aceptas plenamente tal como son, creas espacio para que puedan ser. Se acomodarán en ese espacio y la relación funcionará.

DR. TOM VENTULLO,
presidente de *The Center for Personal Reinvention*

31

Ayuda a otros a tener alta la autoestima

A la hora de ayudar a otros a tener alta la autoestima, el secreto radica en dejarles espacio para que desplieguen su humanidad. Y, si te aplicas esta misma sabiduría a ti, elevarás tu propia autoestima. Renunciando a hacer juicios críticos momento a momento y a tu «derecho» a controlar excesivamente a los demás o a dominarlos, no cediendo al impulso de cambiarlos, les permites gozar del privilegio de ser quienes son. Hay una gran diferencia entre comprometerte a buscar la excelencia y estar emocionalmente ligado al resultado que esperas. Busca y aprovecha cualquier oportunidad de reconocer a los demás por sus cualidades positivas, estate atento a cualquier atisbo de nuevas cualidades que te gustaría ver más a menudo en ellos. Cuando crees en la magnificencia de otros, incluso antes de que ellos mismos crean en ella, los ayudas a moverse gradualmente hacia la realización de estas posibilidades. Cuando damos a la gente la libertad de ser como es dejando espacio para su humanidad, creamos la oportunidad de que ellos nos paguen con la misma moneda. Esto, a su vez, crea una energía que favorece la comunicación sincera y la disponibilidad para el cambio.

Esto mismo es aplicable a nosotros. Cuando aprendemos a dejar de juzgarnos severamente y a tener compasión de nosotros mismos por nuestra humanidad, renunciamos al derecho a machacarnos una y otra vez por no estar a la altura de nuestras poco realistas expectativas. Creamos espacio para poder cometer errores al perdonarnos a nosotros mismos tantas veces como sea necesario, al tiempo que nos comprometemos a aprender y a hacerlo mejor la próxima vez. Apreciamos y elogiamos aquellas cualidades nuestras que nos sirven bien mientras buscamos mejorar las que no contribuyen a nuestra excelencia. Esta actitud comprensiva y de amor por uno mismo crea espacio para que podamos aprender y madurar, lo mismo que hace con respecto a los demás.

Mantenemos en su sitio todo aquello a lo que nos resistimos. Ésta es la naturaleza de las guerras, los trastornos y el sufrimiento. Siempre podemos encontrar muchos motivos para juzgar a los demás (y a nosotros) con dureza. Al hacer juicios críticos sobre otras personas, les quitamos la razón en un intento de dárnosla a nosotros mismos. Nos permite dominarlas y evitar que nos dominen. Nos proporciona una sensación temporal de superioridad que se esfuma ante la tristeza por las relaciones rotas y los conflictos ocasionados.

El antídoto para este círculo vicioso sin fin de juicios, dominación, sufrimiento y baja autoestima es el amor. Cuando nos queremos y nos perdonamos a nosotros mismos, nos damos permiso para ser humanos, permiso para cometer errores y enredar las cosas. Esto, a su vez, nos permite perdonar y querer a los demás. Pasamos de estar apegados a la necesidad de que otros cumplan con nuestras elevadas expectativas a estar comprometidos a fomentar su excelencia. Esta renuncia al deseo de perfección en favor del compromiso con la excelencia también nos ayuda a nosotros. Cuando actuamos de este modo con nuestros hijos, descubrimos que al responder siempre con amor y sin juzgarlos fomentamos su autoestima, siempre y cuando les permitamos perseguir la excelencia en vez de la perfección. Aunque ciertamente no justifiquemos los comportamientos hirientes o impropios, al ver tales acciones como el resultado de una necesidad insatisfecha nos hacemos una idea mejor de cómo ayudar al desarrollo de estas personas. No olvides nunca que nosotros no somos nuestros comportamientos. Los comportamientos inoperantes se pueden cambiar. Es vital que no juzguemos ni a los demás ni a nosotros mismos como intrínsecamente malos o despreciables simplemente por una conducta inaceptable.

Al principio de este libro hablamos del poder que tiene crear interpretaciones con empatía e indulgencia y que ayuden a que las relaciones prosperen. Éste es el poder del amor. En momentos de estrés y disgusto, hazte a ti mismo estas preguntas:

- ¿Qué haría ahora mismo si mis actos se basaran en el amor?
- ¿Qué haría si me quisiera de verdad a mí mismo?
- ¿Cómo respondería si quisiera de verdad a la otra persona?

Proceder de ese modo te dará el poder de perdonar, el poder de crear y el poder de restaurar tu magnificencia al tiempo que ayudas a otros a hacer lo mismo.

Por último, date cuenta de que todos hemos vivido con la falsa esperanza de que la vida será genial en algún momento, pero sólo cuando tenga lugar algún suceso en concreto: puede ser irse de casa, mudarse a otro país, casarse, tener hijos, divorciarse, etc.

¿Por qué pensar que la felicidad sólo puede ocurrir en el futuro? La vida puede ser genial hoy y el poder de hacerla satisfactoria y magnífica ya reside dentro de ti, no en ese suceso que esperas. Decide hoy mismo ser feliz. Has de saber que eres un ser glorioso que, por la naturaleza misma de tu nacimiento, has aceptado tomar parte en una lucha extremadamente difícil. Enamórate de la espléndida persona que eres. Date cuenta de que nadie más en el planeta posee tu combinación única de cualidades, dones y talentos. Date las gracias a menudo por ello. Perdónate a ti mismo por no haber alcanzado la perfección y ofrece ese mismo perdón a aquellos que han cometido un error, haciéndote daño en el proceso. Concédete a ti mismo la comprensión, el respeto y la compasión que demostrarías de buena gana a tu amigo más querido y de mayor confianza. Has de saber que no necesitas seguir juzgándote a ti mismo con tanta severidad. La aceptación tiene lugar cuando reconoces momento a momento cuándo te estás juzgando a ti mismo e inmediatamente retomas tu compromiso de quererte y de buscar tu esplendor y no tus defectos. Espera un futuro mejor y comprométete a tomar las medidas necesarias para hacer realidad tu visión. Vive audazmente y con pasión, y observa cómo crece tu autoestima y la de los demás.

Un último comentario

Reivindicar la autoestima es un proceso que puede requerir algo de tiempo hasta completarlo. A fin de cuentas, tu discurso interior negativo ha tardado largos años en hacer los estragos que ha hecho. La orientación que este libro proporciona será suficiente para que muchos lectores puedan encauzar sus vidas por un camino positivo hacia la restauración efectiva de la confianza en sí mismos. Otros, sin embargo, necesitarán el apoyo de un psicoterapeuta o de un orientador experimentado en la tarea de ayudar a las personas a restaurar su autoestima. No dudes en buscar ayuda para restaurar la imagen que tienes de ti mismo. Pide a tu médico de cabecera o a algún hospital local que te orienten sobre la manera de localizar a un profesional cualificado en la zona. La terapia para mejorar la autoestima ha demostrado ser eficaz en la tarea de ayudar a la gente a recuperar su sentido de la valía personal. Es importante que recuerdes que la ayuda siempre está disponible y que es tu responsabilidad para contigo mismo hacer lo que haga falta para sentirte bien respecto a cómo y quién eres para poder llevar una vida feliz y que te satisfaga.

Los 12 pasos para recuperar la autoestima

1. Identifica el origen de tu baja autoestima. ¿Qué pensamientos negativos apoyaste incondicionalmente o interpretaste sobre ti mismo? ¿Qué nuevas interpretaciones puedes crear?

2. Elabora una lista de tus cualidades negativas y otra para enumerar y describir tus fortalezas. Desarrolla un plan para trabajar en las cualidades que quieras manifestar.

3. Identifica los contratiempos persistentes de tu pasado. Toma medidas para concluir cada uno de ellos y sigue adelante con tu vida de una manera positiva y productiva.

4. Decide hoy mismo perdonar a todos aquellos que te han hecho daño igual que te perdonas a ti mismo. Diseña un plan de acción para abordar la reparación de cada relación tirante.

5. Diseña un plan específico y con fecha para librarte de cualquier relación abusiva. Informa a las personas que hay en tu vida de tu compromiso para reinventarte a ti mismo y notifícales que ya no vas a permitir que nadie te trate sin respeto.

6. Practica a diario creando nuevas interpretaciones sobre ti mismo que te confieran poder.

7. Redacta de nuevo cuño una declaración detallada sobre quién eres que aborde todos los aspectos de la imagen que tienes de ti mismo.

8. Visualiza tu nuevo yo positivo y crea un vívido guión de cómo será tu futuro. Lee tu visión al menos dos veces al día, una al levantarte y otra antes de irte a la cama.

9. Formula una serie de afirmaciones positivas basadas en tu visión. Escríbelas en fichas y ponlas donde puedas verlas a lo largo del día. Grábalas en una cinta de audio y escúchala por lo menos dos veces al día.

10. Rodéate de personas y cosas que reflejen el respeto que sientes por ti mismo y que honren tu valía personal.

11. Cada noche, antes de acostarte, date las gracias por algún logro encomiable que hayas realizado ese día.

12. Funda un grupo de apoyo sobre responsabilidad para informar semanalmente de tus progresos en la tarea de honrarte a ti mismo y de alcanzar tus metas. Busca ayuda profesional si te parece necesario.

Índice

Completa tu pasado

Evalúa tu presente

Diseña tu futuro

Cómo reforzar la autoestima de su hijo
¿Cómo proteger a su hijo sin agobiarlo?

La falta de autoestima del niño puede ser causa de trastornos de la personalidad en la vida adulta: drogadicción, dificultades emocionales, problemas de relación... Existen muchas formas de reforzar la confianza del niño en sus propias capacidades a partir de las vivencias de cada día. Un niño seguro de sí mismo se convertirá más tarde en un adulto sereno y equilibrado. El ingrediente principal de la seguridad es confiar en uno mismo: en las propias emociones, en los propios deseos, en las propias habilidades y aptitudes. Pero, ¿cómo podemos reconciliar el anhelo de libertad del niño con la natural preocupación de los padres? ¿Cómo protegerlo sin agobiarlo? A partir de situaciones reales y experiencias de la vida cotidiana, en las que resulta muy fácil reconocerse.

Paola Santagostino explica cómo:

* Dirigirse al niño utilizando las palabras adecuadas y el tono correcto
* Enfocar su atención hacia todo lo que pueda estimular su fantasía
* Transmitir al niño una actitud positiva
* Establecer con el niño un diálogo abierto sobre sus emociones
* Proponer reglas precisas que puedan ser respetadas fácilmente
* Acostumbrarlo al trato con los demás
* Reconocer con él los errores y buscar las soluciones
* Aprender a valorar la gravedad de los problemas sin dramatizarlos.